SO IST ES!

SO IST ES!

a contemporary reader

Kimberly Sparks

MIDDLEBURY COLLEGE

Edith Reichmann

HARCOURT BRACE JOVANOVICH, INC. New York / Chicago / San Francisco / Atlanta

acknowledgments

5: From *Ina und Udo: Deutsche Schulfibel*, Verlag Moritz Diesterweg, Frankfurt / Berlin / München.

6: From *Asterix*, *Superman* and *Walt Disneys lustige Taschenbücher*; by permission of EHAPA Verlag GMBH, Stuttgart; Dargaud S. A., Neuilly-sur-Seine; copyright © 1971 National Periodical Publications, Inc. © Walt Disney Productions. From *Wastl*, by permission of Bastei-Verlag, Gustav H. Lübbe, Bergisch-Gladbach.

8 & 9: From *Kölnische Rundschau / Bonner Rundschau*, with kind permission of the publishers.

15 & 22: "TRIMM DICH DURCH SPORT" advertisements are part of a fitness campaign of the Deutscher Sportbund.

16: By permission of Firma Hansen, Köln, and Werbeagentur Pertzborn KG, Düsseldorf.

17: By permission of Kaufhaus des Westens, Berlin.

18: From *Fernsehwoche*, November 1971, Heinrich Bauer Verlag, Hamburg.

19: By permission of Kaufhof AG, Köln, Restaurant-Café-Abteilung der AG.

25: From *Hör zu*, Deutsche Fernseh- und Rundfunk Zeitung, June 1971; courtesy of Hans-Ulrich Ketelsen.

26: Photograph by Hermann Kiefer.

28 & 29: From *Spielen Sehen Lesen 2* by Franz Otto Schmaderer. Graphics: Hermann Wernhard. © 1971 by Otto Maier Verlag, Ravensburg.

31: Photograph by Inter Nationes e.V. / Bad Godesberg; courtesy of the German Information Center.

32: By permission of Teldec (Telefunken-Decca Schallplatten GMBH), Hamburg.

33: German lyrics to "Sei mal verliebt" ("Let's do it"), by Cole Porter; reprinted by permission of Neue Welt Musikverlag, Berlin, and Warner Bros. Music, Hollywood, Calif.

34: Bottom left: photograph by Karl Reichmann.

35: By permission of Zweites Deutsches Fernsehen, Informations- und Presseabteilung.

36: From *Neue Stafette*, dem deutschen Jugendmagazin für 11- bis 16jährige.

37: From *Hör zu*, Deutsche Fernseh- und Rundfunk Zeitung, June 1971; courtesy of Helmut Schieke.

38: From *Hör zu*, Deutsche Fernseh- und Rundfunk Zeitung, June 1971; cartoon by Hans-Georg Rauch.

39: Top: from *Schweizer Illustrierte*, Zürich. Bottom: from *NRZ (Neue Ruhr Zeitung)*, Essen / Köln / Düsseldorf.

41: From *Von A bis Z in einem Griff: Schneiders Lexikon mit Pfiff*, Franz Schneider Verlag, München.

42 & 43: From *Meine Familie und ich*, die Zeitschrift, die das Leben leichter macht, June 1971; by permission of Co-Publica Verlagsgesellschaft, Hamburg.

44: From *Intercity-Zug*, by permission of the Deutsche Bundesbahn, Werbe- und Auskunftsamt, Frankfurt.

46 & 47: By permission of the Freie Universität Berlin.

48: From *Hör zu*, Deutsche Fernseh- und Rundfunk Zeitung, June 1971. Top left: photograph by Gerd H. Siess. Top right: photograph by Peter Böttgenbach. Bottom: photograph by Heinz Röhnert.

50 & 51: The distinctive design of the game board and components are trademarks for the real estate trading game equipment of Parker Brothers © 1935, 1946, 1961, sold under its trademark MONOPOLY®, and used by its permission without sponsorship.

52 & 53: From *Kinderduden*, with the kind permission of the publishers, Bibliographisches Institut AG, Mannheim.

54: By permission of Susy-Card, Forster-Verlag, Hamburg.

55: Photograph by Dr. Helmut Wolter.

56: From *Knaurs Lexikon der Naturwissenschaften*, by permission of Droemersche Verlagsanstalt, München. German translation of caption from *Golden Encyclopedia of Natural Sciences*, originally published by Golden Press © 1962 by Western Publishing, Inc.

57: By permission of *Deutsche Welle*, Köln.

58 & 59: From *Meine Familie und ich*, die Zeitschrift, die das Leben leichter macht, February 1971; by permission of Co-Publica Verlagsgesellschaft, Hamburg.

60: From *Freizeit Revue*, Burda-Verlag, Offenburg.

61: From *Von A bis Z in einem Griff: Schneiders Lexikon mit Pfiff*, Franz Schneider Verlag, München.

62 & 63: From *Meine Familie und ich*, die Zeitschrift, die das Leben leichter macht, January 1971; by permission of Co-Publica Verlagsgesellschaft, Hamburg.

63: Cartoon from *Asterix bei den Schweizern*, by permission of EHAPA Verlag GMBH, Stuttgart, and Dargaud S. A., Neuilly-sur-Seine.

64: From *Jugendmagazin* der Deutschen Angestellten-Krankenkasse, Hamburg.

66 & 67: By permission of Deutsche Verbundgesellschaft, Heidelberg.

68: By permission of Bundeszentrale für politische Bildung, Bonn.

69: From *Von A bis Z in einem Griff: Schneiders Lexikon mit Pfiff*, Franz Schneider Verlag, München.

70: By permission of ASKO finnlandmöbel, Köln.

71: By permission of Gebrüder Junghans GMBH Uhrenfabriken, Schramberg.

72: Advertisement of Fleurop GMBH, Berlin, from their advertising campaign, 1971.

ISBN: 0-15-581382-X

Library of Congress Catalog Card Number: 72-77239

Printed in the United States of America

introduction

the warmest invitation to read German is of course to find yourself in a German-speaking country. Any doubts as to the relevance of reading disappear when you are handed the breakfast menu, or when you pick up the newspaper to see whether to take your umbrella today —or when you face that most final of examinations: reading the instructions on a German pay phone. In one sense this is reading for survival and in another sense it is reading for fun, the fun of participating in the basic verbal rituals of another language and another culture.

when we hear the word *reader*, most of us think of either a beginning reader with specially manufactured or simplified texts or of a literary reader, which, however well chosen, offers longish selections written in a variety of highly personal styles. In all traditional readers the printed word occurs only in the context of other printed words. But there are many other-than-verbal contexts for the written word—as any walk down the street will show you. *So Ist Es!* is a kind of walk down the street, an attempt to introduce you to those other contexts, whether the graphic context of ads or the comics, the phonic context of a first-grade primer—or the universal human context of concern for the environment.

how much German should you have before you use this reader? You have enough to start right now. The book begins with a set of games based on single words and word pairs; then, it progresses gradually through phrases and simple sentences to short connected texts. We have been careful to gloss new vocabulary and to explain new constructions in the hope that we can tempt you to read farther than you think you can. We are certain that you will find *So Ist Es!* a good and useful companion to your study of German here or to your first days in Germany, Austria or Switzerland.

K. S.
E. R.

system

Winter

Hand

Humor

Nation

Tip

Revolution

Gold

HiFi

TRADITION

Party

Theater

Finger

motor

Sand

sport

CAMPING

Test

Experiment

Tiger

Name

Charter

EXPEDITION

Snob

Bank

Hit

Toast

Meter

modern

Countdown

Blazer

Film

Computer

Jet

Couch

Information

Triumph

partner

Manager

FILTER

ORIGINAL

Image

Comics

PUBLIC RELATIONS

Revolver

Uniform

VW

Auto

Variation

Report

■ You recognize all these words because both German and English use them. Most of them have been in both languages for a long time—words like **Tradition, Theater, Nation, Finger, Meter** —and neither German nor English thinks of these words as being in any way "foreign." And of course they're not, for once a language has adopted a word it treats it as its own. Some words, however, are so new that the language is still conscious of their origin. In fact, German even tries to approximate the original pronunciation of these words—with more or less success. The following words are recent arrivals in German; pronounce them according to the cues in parentheses:

Couch   (kautsch)

Image   (immedsch)

Public Relations   (pablik rilehschens)

Blazer   (blehser)

Manager   (mänedscher)

Computer   (kompjuter)

Jet   (djät)

Countdown   (kauntdaun)

Charter   (tscharter)

Hifi   (haifai)

Toast   (tohst)

All the other words on page 1 are not recognized by Germans as being foreign, so they pronounce them as standard German words. Pronounce the following words first as normal English words, then as normal German words:

Nation

Uniform

System

Meter

Tiger

■ There are many more words that you will recognize immediately, once your eye has learned to relax when it sees slight differences in spelling. The following words all look very "German" because they have a different letter or two, but their overall shapes tell you exactly what they mean:

Telegramm   Natur   Kanal

Ende   Glas   Mathematik   Tabak

Analyse   Produktion   Presse

Europa   Kaffee   Institut   Familie

Zivilisation   Taktik   Elefant   Foto

MUSIK   Programm   TITEL   Mann

Skandal   Onkel   Akzente   Spezial

Känguruh   Picknick   Ballett   Militär

Diskussion

Politik   UNIVERSITÄT

Sektor   Kamera   Sommer

Telefon   Alkoholik   Amerika

Biologie   Fisch   Adresse   Schock

Diskret   Orchester   Dezember

BALLADE

■ Then there are many other words whose meanings you could probably guess if somebody told you beforehand that they are closely related to English words. Most of these words will look strange to you at first glance, but once you know that **Katze** means *cat*, that **Milch** means *milk* or that **Vater** means *father* you will make the connection immediately. Look at some words of this kind:

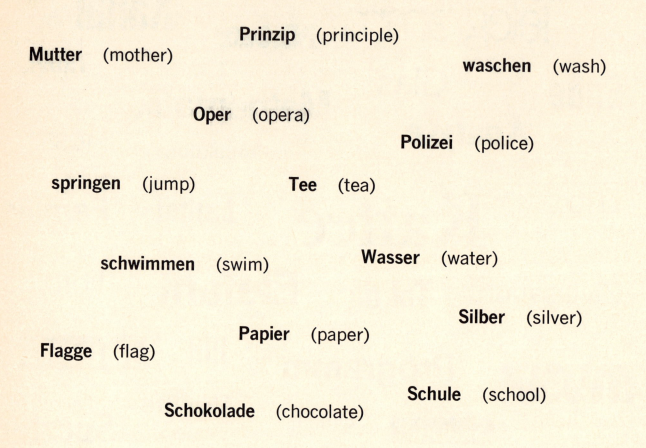

Prinzip   (principle)

Mutter   (mother)

waschen   (wash)

Oper   (opera)

Polizei   (police)

springen   (jump)   **Tee**   (tea)

schwimmen   (swim)   **Wasser**   (water)

Silber   (silver)

Papier   (paper)

Flagge   (flag)

Schule   (school)

Schokolade   (chocolate)

There are even some words that are easier to recognize by ear than by eye. The following words are more sound-alikes than look-alikes. Say them aloud.

Bär   (bear)

Bier   (beer)

Maus   (mouse)

Vlies   (fleece)   **Reis**   (rice)

Boot   (boat)

Schuh   (shoe)

■ There are even words that are attempts to represent sound on paper. Think of the word *boom* —or even the modern American verb *to zap*, which was first coined as an attempt to reproduce the sound of a ray gun in space comics. Turning sounds directly into words is called **Lautmalerei** in German (**Laut** means *sound* and **Malerei** means *painting*); in English it's called onomatopoeia.

Here is a page from a German first-grade reader. It is interesting on several counts: first, as a document, it shows how close the German and American notions of early reading are; it also hints at the universality of the urge to reproduce animal sounds. But it also is a mild culture shock to realize that not all roosters say "cock-a-doodle-doo."

Ich bin die Kuh:
muh-muh!

Ich bin das Schwein:
quiek-quiek!

Ich bin das Schaf:
mäh-mäh!

Ich bin die Ziege:
meck-meck!

Ich bin der Esel:
ia-ia!

Ich bin das Pferd:
Wir kennen uns ja!

Ich bin die Gans:
gack-gack!

Ich bin die Ente:
nat-nat!

Ich bin der Hahn:
kikeriki!

Ich bin das Huhn:
gluck-gluck!

Ich bin die Katze:
miau!

Ich bin der Hund:
wau-wau!

animal	sound	verb
Kuh	muh	muhen
Schwein	quiek	quieken
Schaf	mäh	(blöken)
Ziege	meck	meckern
Esel	ia	iahen
Pferd	——	(wiehern)
Gans	gack	gackern
Ente	nat	schnattern
Hahn	kikeriki	kikerikien (*more normally:* krähen)
Huhn	gluck	glucken
Katze	miau	miauen
Hund	wau	(bellen)

5

■ Of course there are sounds and sounds.

When you are faced with a door, it doesn't take long to figure out that **drücken** means *push*—and when you try to come through it the other way, the meaning of **ziehen** comes clear. We'll give you half of each pair; try to supply the other half.

Arrival _____

Yes or _____

_____ and enemies

today and _____

Hearing and _____

Sense or _____

push _____

_____ or false

open _____

for young and _____

_____ end

Day and _____

Entrance _____

■ Repetition of a familiar context can also give you clues to meaning. You can read about the weather passively long before you can make active statements about it.

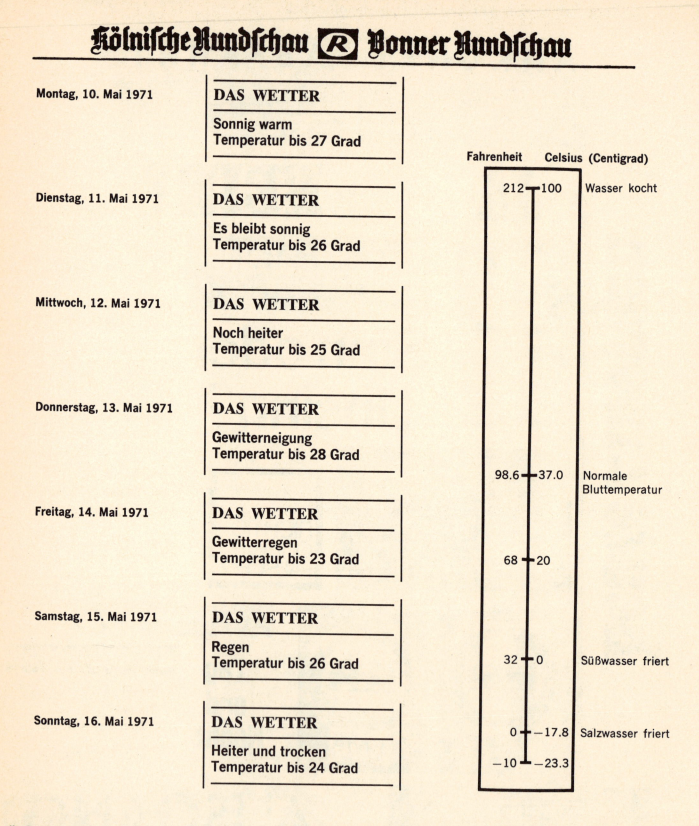

Kölnische Rundschau ® **Bonner Rundschau**

Montag, 10. Mai 1971	**DAS WETTER** **Sonnig warm** **Temperatur bis 27 Grad**
Dienstag, 11. Mai 1971	**DAS WETTER** **Es bleibt sonnig** **Temperatur bis 26 Grad**
Mittwoch, 12. Mai 1971	**DAS WETTER** **Noch heiter** **Temperatur bis 25 Grad**
Donnerstag, 13. Mai 1971	**DAS WETTER** **Gewitterneigung** **Temperatur bis 28 Grad**
Freitag, 14. Mai 1971	**DAS WETTER** **Gewitterregen** **Temperatur bis 23 Grad**
Samstag, 15. Mai 1971	**DAS WETTER** **Regen** **Temperatur bis 26 Grad**
Sonntag, 16. Mai 1971	**DAS WETTER** **Heiter und trocken** **Temperatur bis 24 Grad**

Fahrenheit	Celsius (Centigrad)	
212	100	Wasser kocht
98.6	37.0	Normale Bluttemperatur
68	20	
32	0	Süßwasser friert
0	−17.8	Salzwasser friert
−10	−23.3	

die Gewitterneigung: (*lit.*) thunderstorm-tendency   **der Gewitterregen:** thundershower(s)   **der Regen:** rain   **heiter:** fair
trocken: dry   **das Süßwasser:** fresh water

„Wie ist das Wetter auf der Zugspitze?"

Montag, 21. Februar 1972

DAS WETTER

Kalt und sonnig
Temperatur bis minus 2 Grad

Dienstag, 22. Februar 1972

DAS WETTER

Frostgefahr
Temperatur bis 3 Grad

Mittwoch, 23. Februar 1972

DAS WETTER

Frühnebel, später wolkig
Temperatur bis 5 Grad

Donnerstag, 24. Februar 1972

DAS WETTER

Kälter
Temperatur bis minus 1 Grad

Freitag, 25. Februar 1972

DAS WETTER

Leichte Schneefälle
Temperatur bis minus 2 Grad

Samstag, 26. Februar 1972

DAS WETTER

Schnee
Temperatur bis minus 5 Grad

Sonntag, 27. Februar 1972

DAS WETTER

Teils wolkig
Temperatur bis minus 2 Grad

Wie ist das Wetter heute?
Schön.
Schlecht.
Die Sonne scheint.
Es **regnet**. *(is raining)*
Es ist warm.
Es ist heiß.
Es ist **frisch**. *(cool)*
Es ist kalt.
Es **friert**. *(is freezing)*
Es ist **neblig**. *(foggy)*
Es **schneit**. *(is snowing)*
Wie warm ist es?
  Zwanzig Grad.
Wie kalt ist es?
  Minus zehn Grad.

die Zugspitze: *name of the highest mountain in Germany*   **die Frostgefahr:** danger of frost
der Frühnebel: *early morning fog*   **wolkig:** cloudy   **Schneefälle** (*pl.*): snowfalls (flurries)   **teils:** partly

■ When you connect two words with *and* or *or*, you are putting them into a simple pattern. And when you repeat simple patterns—the weather forecasts, for example—you get verbal contexts that give even more information. Giving directions with arrows and symbols is another kind of patterning that gives you hints as to what words can mean. Information is where you find it.

der Wegweiser: directory, directional sign   **das Rathaus:** city hall   **die Umleitung:** detour
das städtische Verkehrsamt: city travel bureau   **der Zimmernachweis:** room directory   **Fundsachen** (*pl.*): lost and found
WC: toilet (*from English "water closet"*)   **die Unfallhilfe:** first aid
das Bundesbahnhotel: railroad hotel   **das Handgepäck:** hand baggage   **das Reisegepäck:** heavy baggage
Gepäck-Schließfächer (*pl.*): baggage lockers   **das Postamt:** post office   **der Geldwechsel:** currency exchange

10

die Zoobrücke: zoo bridge   **der Jugendpark:** children's park   **der Bahnhof:** railroad station
der Tanzbrunnen: Dancing Fountain (*proper name*)   **der Sessellift:** chair lift   **die Rheinseilbahn:** cable car over Rhine
sauber: clean   **der Radwanderweg:** bicycle path   **der Flughafen:** airport   **Fahrzeuge** (*pl.*) vehicles
Radfahrer (*pl.*): cyclists   **Mopedfahrer** (*pl.*): motor-scooter riders   **absteigen:** dismount, climb off

A sense of basic stems and the way they can be combined into various words is indispensable to reading beyond one's means. Recognition of common stems is one more cue to intelligent guessing, and, on a higher level, it is one of the sources of word play and humor. Look at two very common stems, **gang-** and **fahr-**. Gang- comes from the word **gehen** (you can see the stem in the past participle **gegangen**) and **fahr-** comes from the verb **fahren**. As you know, both of these words mean *to go*—gehen means *to go on foot, to walk*, while fahren means *to go by vehicle, to drive*. The distinction between **gehen** and **fahren** is very important in German; it is maintained even in nouns made from the two verbs. English, on the other hand, will say *access* for both **Zugang** and **Zufahrt**. Only in a few words like *gangway* and *thoroughfare* are the old stems kept alive in modern English.

der Ausgang: exit   **der Eingang:** entrance   **der Hauptausgang:** main exit   **Notausgang:** emergency exit
der Durchgang: passageway   **Fußgänger** (*pl.*): pedestrians

die **Fahrt:** trip   **Fahrkarten** (*pl.*): tickets (for a train or bus)   das **Fahrzeug:** vehicle (*pl.* **Fahrzeuge**)   die **Zufahrt:** access
die **Einfahrt:** entrance (for cars)   die **Abfahrt:** departure   die **Vorfahrt:** precedence, right of way   die **Fähre:** ferry
die **Fahrbahn:** roadway   die **Rundfahrt:** a drive around (something), e.g. **Stadtrundfahrt:** tour of the city
die **Ausfahrt:** exit (for cars)

■ Now look at some simple questions and statements. Here the cues to meaning are both external and internal. In a few cases the pictures give you some direction, but most of the information is now grammatical. It's almost pure reading.

Suchen Sie Arbeit?

Wie weit ist der Horizont ?

Wer will Raumfahrt-Techniker werden ?

Was gibt's Neues ?

Ist das unser Problem?

Welches Ziel haben Prüfungen?

wer schreibt mir

Verstehen Sie das?

Wer war Karl May ?

Seit wann kann der Mensch schwimmen?

Wieviel Stunden wollen Sie täglich arbeiten?

sitzen Sie bequem?

WAS SOLL ICH WERDEN?

wo wohnt Uwe

Firestone PHOENIX

Wie geht es Ihren Reifen?

Profiltiefe ● Luftdruck ●

die Arbeit: work   der Raumfahrt-Techniker: space travel technician   das Ziel: goal, purpose   Prüfungen (pl.): tests
täglich: daily   bequem: comfortable   Reifen (pl.): tires

Er ist da!

Heute ist Freitag. Ein Tag wie jeder andere.

fewamat – mit der großen Buntwaschkraft

rot bleibt rot
blau bleibt blau
grün bleibt grün
gelb bleibt gelb

fewa mat Buntwaschmittel

Stiere sehen nicht rot

nur feine Menschen fahren große Autos!

Sport ist nicht nur Männersache

Trimm Dich durch Sport

Lehrer kämpfen um ein besseres Image

Jeder fünfte hat ein Auto.

Was fehlt, sind Straßen.

Hier ißt man gut

Alles ist erlaubt

BLUMEN erfreuen immer

---

der Freitag: Friday   **Stiere** (*pl.*): bulls   **Männersache:** men's business   **kämpfen um:** fight for
jeder fünfte: every fifth (man)   **fehlen:** to be missing   **die Straße:** road   **erlaubt:** allowed
erfreuen: please, give pleasure

■ Here are some simple sentences strung together in a basic Madison Avenue portrait.

Man hat seine Automarke.

die **Marke:** brand, make

Man hat sein Rasierwasser.

das **Rasierwasser:** after-shave lotion

Man hat seinen Weinlieferanten.

der **Weinlieferant:** wine seller (*lit.* supplier)

Man hat seinen Blazer.

Haben Sie einen?

- Think of something you might want in a department store like **KaDeWe*** or **Kaufhof** or **Hertie.** Now try to find it in the directory.

6. STOCK	Brot — Backwaren Cafeteria Delikatessen Fische Fleisch	Geflügel Lebensmittel Obst und Gemüse Räucherwaren Spirituosen	Tiefkühlkost Weine Wild
5. STOCK	Auslegeware Betten Bettfedern Deko-Stoffe Gardinen	Kleinmöbel Lampen Möbelstoffe Orient Plastik	Silberterrasse Teppiche Wachstuch Bilder
4. STOCK	Bestecke Elektro-Artikel Geschenkartikel Glas	Haushaltwaren Hobby Keramik Küchenmöbel Porzellan	Schlüsselbar Stahlwaren Wirtschaftsartikel
3. STOCK	Bücher Erfrischungsraum Fernsehen Kindermöbel Kinderwagen	Kunstgewerbe Musikinstrumente Rundfunk Schallplatten Schreibwaren	Spielwaren Tabakwaren Teeraum Zeitschriften Zeitungen
2. STOCK	Alles für das Kind Damen- Oberbekleidung Damenhüte Fundbüro	Herren- Oberbekleidung Knaben-Bekleidung Kundendienst Künstliche Blumen	Mädchen-Bekleidung Sammelkasse
1. STOCK	Aussteuer Autozubehör Badeartikel Bettwäsche Damenwäsche	Frottierwaren Handarbeiten und Garne Miederwaren Schuhe	Schürzen Sportartikel Strickwaren Taschentücher Tischwäsche
E	Foto-Optik Handschuhe Herrenartikel Herrenhüte	Kurzwaren Lederwaren Modewaren Parfümerie Schirme	Schnittmuster Stoffe Strümpfe Süßwaren Schmuck Trikotagen Uhren

E means **Erdgeschoß,** which means *ground floor.*

1. Stock means **erster Stock,** which literally means *first floor*—in Germany you don't start counting floors until you get above the **Erdgeschoß.**

Wo finde ich einen Blazer?

In der Herrenabteilung.   **die Herrenabteilung:** men's department

Wo ist die Herrenabteilung?

Im zweiten Stock.

Nehmen Sie den Aufzug!   **der Aufzug:** elevator

Sie können mit der Rolltreppe fahren.   **mit der Rolltreppe fahren:** take the escalator

Zahlen Sie bitte an der Kasse!   **zahlen:** pay   **die Kasse:** cashier's desk

---

* **KaDeWe** (**Kaufhaus des Westens,** known by its initials.) **Kaufhof** and **Hertie** are department store chains.

■ This is a typical day's programming for German TV.

11.00 Programmvorschau (F)

12.00 Das Sonntagskonzert (F)
Johann Sebastian Bach: 4. Brandenburgisches Konzert

12.45 Wochenspiegel (F)
Tagesschauberichte von Ereignissen der Woche

13.15 Magazin der Woche (F)
Interessante Filmberichte

14.30 Die Drehscheibe (F)
Reportagen – Interviews – Informationen – Musik

16.15 Tagesschau (F)

16.20 Das Di-Do-Domino (F)
Spiel- und Lernstunde für Kinder im Vorschulalter

16.45 Was willst du werden?
Berufe mit Zukunft

17.00 Tour d'Europe 1971 (F)
Die längste Automobil-Rallye des Kontinents
Kurt Schottstädt fährt mit durch Skandinavien,
die Sowjetunion und den Balkan.

17.10 Sie – er – Es (F)
Eine Frauensendung, auch für Männer

**17.30 Die Leute
von der Shiloh Ranch** (F)
Jennifer – In der amerikanischen Western-Serie:
Richter Garths Nichte hilft einem Mordverdächtigen

18.15 Die Sportschau (F)
Vorgesehen: Berichte von den Fußball-Regionalligen

19.10 Mini-Max (F)
Die unglaublichen Abenteuer des Maxwell Smart
Heute: Ein stolzer Preis

19.30 Weltspiegel (F)
Auslandskorrespondenten berichten

19.55 Was Leben ist – was Sterben ist
Impressionen aus dem ersten Weltkrieg

**21.00 Die Fünfziger Jahre
in Deutschland**
Erster Teil einer dreiteiligen Dokumentation
von Thilo Koch

21.30 Der erste Tag der Freiheit
Polnischer Spielfilm aus dem Jahre 1964
Regie: Alexander Ford

22.50 Nachrichten/Wetter (F)
Anschließend: Kommentar

Sendeschluß ca. 23.15

Was gibt's heute im Fernsehen?   **im Fernsehen:** on the TV

Mach das Fernsehen an!   **Mach . . . an:** turn on

Mach's aus!

Mach's lauter!

Mach's leiser!   **leiser:** opposite of **lauter**

Kannst du das Bild schärfer stellen?   **schärfer stellen:** make clearer

Der Empfang is schlecht hier.   **der Empfang:** reception

---

die Vorschau: preview   **der Spiegel:** mirror   **die Drehscheibe:** turntable   **die Tagesschau:** review of the day (news)
das Di-Do-Domino: *a show like Sesame Street*   **die Sendung:** *another word for* program   **die Sportschau:** sports review
die Fünfziger Jahre: the 50's   **die Freiheit:** freedom   **polnisch:** Polish   **Nachrichten** (*pl.*): news
(F) = Farbe: color (*program in color*)

■ A menu is an anthropological document, and breakfast, however scant or hurried, is one of the most central rituals in any society. Look at the difference between German and American customs here.

Unser Frühstücksangebot

bis 11.00 Uhr

Frühstück 1

1 Tasse Kaffee, Tee oder
Schokolade,
Brot und Brötchen, Butter,
Konfitüre und 1 gekochtes Ei DM 2,45

Frühstück 2

1 Portion Kaffee, Tee oder
Schokolade, oder
1 Tasse Hühnerbrühe,
3/2 Brötchen, versch. belegt DM 3,20

Frühstück 3

1 Kännchen Kaffee, Tee oder
Schokolade,
Butter, Brot und Brötchen,
dazu 1 kleine Aufschnittplatte DM 3,50

Beilagen zum Frühstück

1 frisches gekochtes Ei	0,45
Frühstücksportion Holländer Käse	1,50
Frühstücksportion gekochter Schinken	2,10
Frühstücksportion gemischter Aufschnitt . . .	2,50

Ein Frühstück Nummer eins, bitte.

Wollen Sie Kaffee oder Tee?

Wie wollen Sie das Ei haben?

Nicht zu hart. Vier Minuten.

Haben Sie auch Toast?

Bringen Sie mir bitte auch eine Portion Schinken!

Kann ich bitte zahlen?   **zahlen:** pay

das Angebot: offering   **das Brötchen:** roll   **die Konfitüre:** jam   **gekocht:** boiled   **die Hühnerbrühe:** chicken broth
versch. belegt = verschieden belegt: (*lit.*) variously spread, *actually little open-faced sandwiches with different things (cheese, salami, and so on) on top*   **das Kännchen:** small pot   **die Aufschnittplatte:** plate of cold cuts
Beilagen (*pl.*): side dishes   **der Käse:** cheese   **der Schinken:** ham   **gemischt:** mixed

■ Stand in front of this bookstore for a while.

Haben Sie Hildegard Knefs Autobiographie?

Haben Sie den neuen Roman von Günter Grass?   **der Roman:** novel

Wie heißt das neue Buch von Heinrich Böll?

■ If something strikes your fancy, ask for it.

Was empfehlen Sie für ein fünfjähriges Kind?   **empfehlen:** recommend   **ein fünfjähriges Kind:** a five-year-old child

Haben Sie auch Taschenbücher?   **die Tasche:** pocket

Ich brauche ein deutsch—englisches Wörterbuch. **das Wörterbuch:** dictionary

Commands, suggestions, warnings, exhortations to buy! buy! buy!—or even simple requests —can come in the form of grammatically complete imperative sentences. The exclamation mark at the end of these sentences is a standard convention of German punctuation, not the sign of passion it would be at the end of an English sentence.

Frag mich was..! mach die Augen auf!

HÖR ZU

Trimm Dich durch Sport

...fahr mal wieder Rad!

kristall
Der große Bericht über die Privatfliegerei
Kaufen Sie sich doch ein Flugzeug!

...schwimm mal wieder!

Notieren Sie diese Nummern:

BEDIENE DICH SELBST

zeig Dein Herz auch auf der Straße
Mehr Freundlichkeit - weniger Unfälle

HALTE DEINE STADT SAUBER

füttert uns

Unsere Luft

AUTOFAHRER! STOPPT DIE AUSPUFF-PEST!
ABGAS-TEST IN ALLEN PRÜFSTELLEN MIT DIESEM ZEICHEN:
STOP DIE AUSPUFF-PEST

"Trau keinem über 30"

Denken Sie an Ihr Alter

was: *colloquial shortening of* **etwas:** *something*   **fahr . . . Rad:** *go bicycling, ride a bicycle*   **aufmachen:** *open*
zuhören: *listen*   **trimm** *dich,* **kaufen Sie** *sich . . .* **Dich** *and* **sich** *are reflexive pronouns meaning "yourself."*
notieren: *note, jot down*   **Bediene** *dich* **selbst:** *This seems redundant in English: "Serve yourself yourself."*
sauber: *clean*   **die Auspuff-Pest:** *exhaust plague*   **trauen:** *trust*   **füttern:** *feed*   **das Alter:** *age*

■ Other messages come in more urgent forms. Both English and German use telegraphic reductions of this kind. There are differences, however; you can see that German commonly uses the infinitive where English uses the *-ing* form of the verb. Here is some sign language.

täglich: daily   besetzt: full, occupied   betreten: to walk on, enter, trespass   die Baustelle: construction site
Eltern *haften für ihre Kinder:* Parents *are responsible for* their children   absteigen: dismount, climb off
runter mit: down with   sauberhalten: keep clean   die Ehrlichkeit: honesty
reagiert auf Rauchzeichen: reacts to smoke signals   hupen: beep, honk, blow the horn

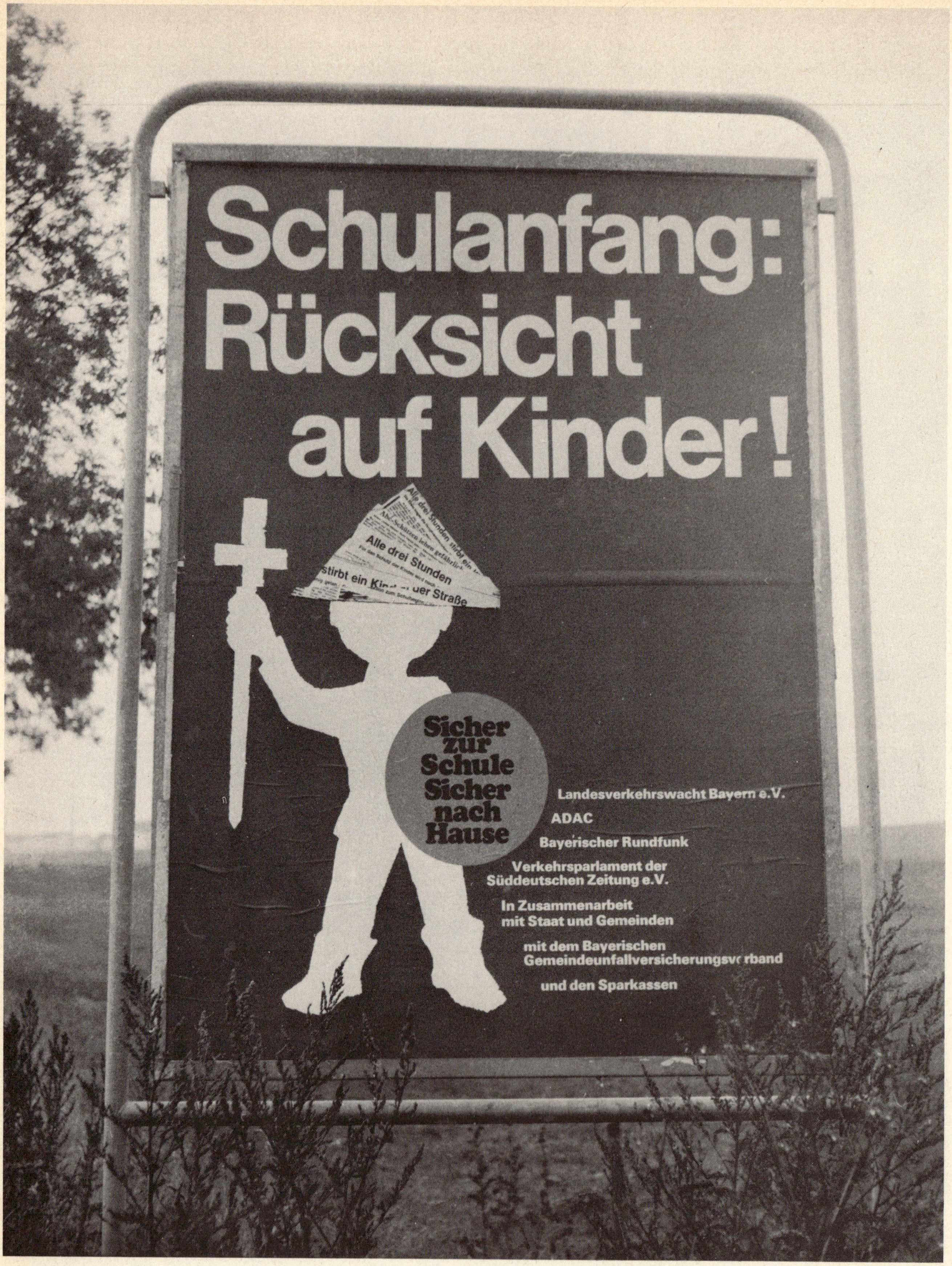

Rücksicht auf: watch out for (*lit.* consideration of)

die **Weihnachten:** Christmas

ÖFFENTLICHER MÜNZFERNSPRECHER

Orts- und Frerngespräche
Keine Telegramme, keine Auslandsgespräche
Handapparat abnehmen
Wählton abwarten
Mindestens **20 Pfennig einwerfen**
Wählen
Bei Ferngesprächen Vorwählnummer nicht vergessen
Nach beendetem Gespräch
Handapparat einhängen
Überfall, Verkehrsunfall _____ 110
Feuer _____ 112
Rettungsdienst _____ 112
Auskunft _____ 118

öffentlich: public   **die Münze:** coin

Orts- und Fern-: *prefixes for "local" and "long distance"*

abnehmen: pick up, take off

der Wählton: dial tone

mindestens: at least   **werfen:** throw

wählen: dial (*lit.* choose)

die Vorwählnummer: area code

beendet: completed, finished

einhängen: hang up

der Überfall: robbery   **der Verkehrsunfall:** traffic accident

der Rettungsdienst: ambulance service

die Auskunft: information

■ All languages differentiate between official designations and everyday names. In English you would recognize the phrase *coin operated telephone*, but you would always say *pay phone*. In German, the thing may call itself a **Fernsprechverzeichnis,** but everybody calls it a **Telefonbuch.** The words using the stem **Telefon** are more colloquial.

fern	far, distant
der Fern-sprecher	telephone
der Münz-fern-sprecher	coin telephone
die Fern-sprech-zelle	telephone booth
der öffentliche Fern-sprecher	public telephone
die öffentliche Fern-sprech-zelle	public telephone booth
das Fern-gespräch	long distance call
das Fern-sprech-verzeichnis	telephone directory
das Telefon	telephone
das Telefon-buch	telephone book
das Telefon-gespräch	telephone conversation
telefon-ieren (mit)	talk on the phone with
am Telefon	on the telephone

Was kostet ein Ortsgespräch? Zwanzig Pfennig.

Haben Sie Kleingeld? Können Sie eine Mark wechseln?

Wo ist das Telefonbuch?

Ortsauskunft für München, bitte.

Was ist die Vorwählnummer für Hamburg?

Besetzt.

das Ortsgespräch: local call

das Kleingeld: small change   **wechseln:** change

Ortsauskunft: local information

die Vorwählnummer: area code

besetzt: busy

„Hier bei Müller."

„Hier ist Barbara Schmidt. Kann ich bitte Frau Müller sprechen?"

„Sie ist im Moment nicht da. Rufen Sie bitte später wieder an!"   **anrufen:** call

„Danke. Auf Wiederhören."

„Auf Wiederhören."

When you pick up the receiver in Germany, you don't say "hello," you say your name instead: **„Hans Müller."** If you're not in your own house, you say **bei** and the name of the family whose house it is: **„bei Holmann."** And on the telephone you don't say **„Auf Wiedersehen,"** you say **„Auf Wiederhören."**

27

■ This is another kind of first reader for German schoolchildren. The conceptual content of the story is very easy—it's about a hungry giant (**ein Riese; der hatte großen Hunger**). The teacher is supposed to read the story aloud, stopping to let the six-year-olds say the new words, which are the words cued by the pictures. Saying these new words aloud from the printed page is evidently a challenge to a beginning reader. The fact that the new words are embedded in a series of past-tense sentences—some of them with subordinate clauses and inverted word order—doesn't bother the six-year-olds at all.

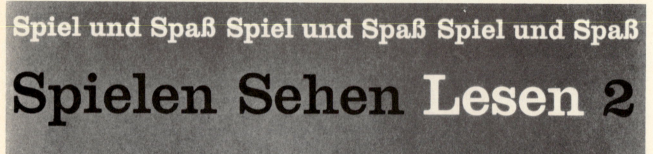

Spiel und Spaß Spiel und Spaß Spiel und Spaß

Spielen Sehen Lesen 2

für Vorschul- und erstes Schulalter

Spielprogramm 5
Erkennen von Ganzwörtern in
einem neuen Sinnzusammen-
hang

■
Geschichte vorlesen, die neuen
Wörter vom Kind lesen lassen.

Es war einmal
ein Riese; der hatte großen Hunger.

einmal: once upon a time

der Riese: giant. *In this sentence
the semicolon is behaving like a
period. Der is the same as* **er;**
In colloquial German **der, die** *and*
das *often replace* **er, sie** *and* **es.**
setzte sich: sat (himself) down.
Sich *(himself) is a reflexive
pronoun.*

Da setzte
er sich an seinen riesengroßen Tisch
vor seinen riesengroßen Teller.

Seine Frau nahm den riesengroßen Topf
vom riesengroßen Herd ❚ und füllte
ihm die Suppe auf; die aß er mit seinem
riesengroßen Löffel.

die aß er mit seinem . . .: here
again the semicolon is really
acting like a period. And **die** is
the same as **sie,** which refers
back to soup.

Dann gab sie ihm ein Stück Fleisch
aus der riesengroßen Pfanne;
das aß er mit seinem riesengroßen Messer
und mit seiner riesengroßen Gabel.

Danach aß er noch Pudding
aus einer riesengroßen Schüssel.

danach: afterwards
noch Pudding: still, in addition

Dann war er satt.
Nun hatte er großen Durst.

satt: full, satisfied

Da nahm seine Frau die riesengroße
Kanne und tat ihm Milch
in seine riesengroße Tasse.

tat ihm Milch: in very colloquial
speech, the verb **tun** is often used
instead of "put" or "place", or
in this case "pour."

Weil er aber keine Milch mochte,
wurde er böse. Da setzte die Frau den
riesengroßen Kessel auf und wollte
Kaffee kochen, aber den mochte der Riese
auch nicht. Da nahm er den riesengroßen
Krug und stampfte aus dem Haus.

weil . . . mochte: weil means
"because." The grammatical term
for words like **weil** is "subordinating conjunction." Their practical effect is to force the verb
(here **mochte:** like) to the end
of the clause.
aber: but. **Aber** is also a conjunction,
but it isn't a subordinating
conjunction, which is why **mochte**
doesn't come at the end of
this clause.

Ich weiß nicht, wohin er ging.

wohin er ging: where he went.
Wohin is also a subordinating
word, but the clause is so short
that you don't notice anything
unusual about the word order.

■ **Spiel** is a word that is associated with adult entertainments as well as with children's games. A **Schauspiel,** for example, is a *play,* and a **Schauspieler** is an *actor.* The **Spielplan** on this page is taken from a publication that shows what is playing in all of the major German theaters and opera houses. Many of these theaters are called **Staatstheater,** *State Theaters,* which means that they are supported by public funds. Similarly, **die Staatsoper** is underwritten by the state or national government.

The operas listed below were all played in October of 1971—each of them has a cue word that may help you guess the whole title.

DER SPIELPLAN

DIE MONATLICHE THEATER-VORSCHAU   18. JAHRGANG   OKTOBER 1971

Einzelpreis 1,50 DM

SPIELPLAN DER WOCHE   Staatsoper   l. bis 7. Oktober

Mo.	Die Meistersinger von Nürnberg
Di.	Die lustigen Weiber von Windsor
Mi.	Ballettabend: Schwanensee; Der Feuervogel; Sinfonie in C
Do.	Figaros Hochzeit
Fr.	Fausts Verdammnis
Sa.	Amahl und die nächtlichen Besucher
So.	Ballettabend: Der Nußknacker

Gibt es noch Karten für heute?

Heute ist ausverkauft.

Was gibt's morgen?

Die Meistersinger. Aber Karten für morgen müssen Sie an der Vorverkaufskasse holen.

die Vorverkaufskasse:
advance sales box office

30

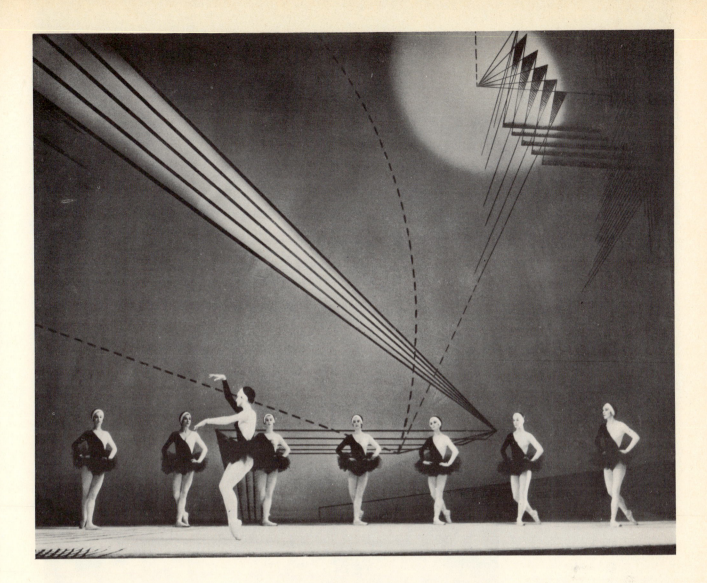

Die Tänzerinnen der Hamburger Staatsoper in „Scène de ballet" von Igor Strawinsky (Rußland) tragen schwarzweiße Kostüme und auch die Bühne ist in den gleichen Farben entworfen. Das Bühnenbild spielt beim Tanz eine wichtige Rolle, da das Optische im Gegensatz zu Theater und Oper überwiegt. Der Zuschauer wird nicht durch die Sprache abgelenkt.

Tänzerinnen (*pl.*): dancers   **tragen:** wear   **schwarzweiß:** black and white   **die Bühne:** stage   **entworfen:** designed **das Bühnenbild:** set   **im Gegensatz:** in contrast   **das Optische:** optical effects   **überwiegen:** predominate **abgelenkt:** distracted

Hildegard Knef is a chanteuse à la Marlene Dietrich.

HILDEGARD KNEF

DIE GROSSEN ERFOLGE 2

Seite 1

Von nun an ging's bergab
Hammerschmid – Knef

Für mich soll's rote Rosen regnen
Hammerschmid – Knef

Ich glaub', eine Dame werd' ich nie
(The Lady Is A Tramp) · Gershwin – Mleinek

Ich zieh mich an, und langsam aus Hammerschmid – Knef

Das war mal mein Paradies Niessen

This Girl's In Love With You
(engl. gesungen) · Bacharach – David

Seite 2

In dieser Stadt
Niessen

Ich brauch' kein Venedig
Niessen – Knef

Er setzt mich von der Steuer ab
Niessen

Nichts haut mich um – aber du
(I Get A Kick Out Of You) · Porter – Mleinek

Sei mal verliebt
(Let's Do It) · Porter – Mleinek

Das waren schöne Zeiten
Niessen

Orchester: Hans Hammerschmid, Kurt Edelhagen, Gert Wilden

Titelfoto: Michael Doster

■ Here is the German text of a song that is enjoying a revival.

SEI MAL VERLIEBT

(Let's do it) Porter — Mleinek

verliebt: in love

Ochs tut es

der Ochs(e): ox

Kuh tut es

Ein gesundes Känguruh tut es

Tu du es—

Sei mal verliebt.

Denn Fink und Star auf dem Dach tun es

Fink und Star: finch and starling

Bachforellen ohne Bach tun es

Bachforellen (pl.): brook trout

Ach, tu es—

Sei mal verliebt.

Ein Krokodil tief im Nil tut es

Bitte frag mich nicht wie.

Nerz mit viel Herz tut es

der Nerz: mink   mit viel Herz: enthusiastically

Für die Pelzindustrie

die Pelzindustrie: fur industry

Von Tetuan bis Luzern tun sie's

Tetuan: a Moroccan city

Und ich möchte sagen gern tun sie's

ich möchte sagen: I'd like to say

Tu du es—

Sei mal verliebt.

Ein alter Walfisch im Tran tut es

der Walfisch: whale
der Tran: whale oil; im Tran(e) sein: in the sauce, drunk, befuddled

Mir sagt Leda jeder Schwan tut es

Leda: mythical woman to whom Zeus appeared in the form of an amorous swan

Dann tu es—

Sei mal verliebt.

Ein Eskimo ohne Licht tut es

Fürstenmutter mit der Gicht tut es

die Fürstenmutter: dowager duchess
die Gicht: gout

Ich tu' es—

Ich bin verliebt.

Es scheint mir jeder Agent tut es

Ob im Ost oder West

Manch ein Student tut es

manch ein: many a

Ohne jeden Protest

Ein jeder Goldfisch im Glas macht es

das Glas: here goldfish bowl

Ein Betriebsausflug im Gras macht es

der Betriebsausflug: company picnic

Spaß macht es

es macht Spaß: it's fun

Sei mal verliebt.

■ The Germans are inveterate tourists, so it is no surprise to find a wealth of words built on the stem of **Reise,** which can mean either *trip* or *travel.*

die Auskunft: information   eine Reise wert: worth a trip   der Flug: flight, "air-" *when used as a prefix*   die See: ocean, sea
der Dienst: service   Ferien (*pl. only*): vacation, holidays   die Versammlung: meeting   der Oberst: colonel

Urlaub nach Maß

HEISST EINE SENDEREIHE DES ZDF MIT AKTUELLEN TIPS FÜR REISEN ALLER ART.

Gerade junge Menschen wollen andere Völker und andere Länder kennenlernen. In der persönlichen Begegnung wollen sie Vorurteile abbauen.

Das weitet den eigenen Horizont.

Aber auch Menschen und Landschaften der engeren Heimat sind eine Reise wert.

der Urlaub: vacation, leave
nach Maß: (made) to measure

die Sendereihe: series (of programs)
das ZDF (Zweites Deutsches Fernsehen): one of the German networks
aktuell: current, up-to-date   aller Art: of all kinds

die Begegnung: meeting
Vorurteile (pl.): prejudices
abbauen: remove, abolish
weiten: broaden   eigen: own (adj.)

Landschaften (pl.): landscapes
enger: more limited, narrowed   die Heimat: homeland

Urlaub nach Maß

BRINGT IM FRÜHJAHR, HERBST UND WINTER

an Samstagnachmittagen originelle Vorschläge:

Camping im Winter — Fahrten mit Frachtern — Die Inselwelt der Adria und Ägäis — Zeltfahrt in Island — Nachbarn im Westen — Jugendaustausch.

Nur ein paar Beispiele. Dazu Hinweise über Reiseziele, Unterkünfte, Preise, Beförderungsmöglichkeiten, Währungen.

Vorschläge (pl.): suggestions
der Frachter: freighter
die Inselwelt: island world   die Zeltfahrt: camping trip
Island: Iceland   Nachbarn (pl.): neighbors
der Jugendaustausch: youth exchange
dazu: in addition   Hinweise (pl.): tips
das Ziel: destination   Unterkünfte (pl.): lodgings
Preise (pl.): prices
Beförderungsmöglichkeiten (pl.): means of travel
Währungen (pl.): currencies

Urlaub nach Maß

MIT ATTRAKTIVEN BERICHTEN IN FARBE

Berichte (pl.): reports

Achten Sie auf die Programmankündigungen in Tagespresse und Jllustrierten.

achten auf: pay attention to
Ankündigungen (pl.): announcements
die Illustrierte: illustrated magazine (J = I)

ZWEITES DEUTSCHES FERNSEHEN

Mann, die Fliege is ne Wucht!

Die neuen Jugendmarken

Jetzt wissen wir's: Flöhe lieben die buntgestreifte Kleidung, und Fliegen sehen ganz menschlich aus. Kinderzeichnungen bildeten die Vorlage für die Jugendmarken 1971. Die Briefmarken der Deutschen Bundespost zeigen den Mohrenkönig, einen Floh, den gestiefelten Kater, eine Schlange. Die Deutsche Bundespost Berlin stellt die erwähnte Fliege vor, einen Fisch, ein Stachelschwein und einen Hahn. Die Marken gibt's bis 29. Mai bei den Postämtern.

Beispielhaft

Alle reden von den steigenden Preisen. Nur nicht die Deutsche Bundespost. Sie ist das einzige Unternehmen, das seine Preise seit seiner Gründung nie erhöht hat: Eine 20-Pfennig-Briefmarke kostet auch heute immer noch nur 20 Pfennig.

beispielhaft: exemplary, used as a precedent
steigend: rising
einzig: only
das Unternehmen: enterprise
die Gründung: founding
erhöhen: raise

die Jugend: youth, young people
die Marke: stamp
Flöhe (*pl.*): fleas
buntgestreift: gaily striped
die Kleidung: clothing
Fliegen (*pl.*): flies
menschlich: human
Zeichnungen (*pl.*): drawings, sketches
bilden: form, constitute
die Vorlage: source material
der Mohrenkönig: Moorish king
der Floh: flea
der gestiefelte Kater: Puss in Boots
die Schlange: snake
vorstellen: present
erwähnt: (above) mentioned
das Stachelschwein: hedgehog
der Hahn: rooster

■ The environmental crisis is as topical in Europe as it is in America.

Zeichnung: Hans-Georg Rauch

die Aktion: operation (*in the sense of a military operation*)
die Umwelt: environment, world around us

■ Some people approach the problem one way.

Hilfe – wir ertrinken im Abfall

ertrinken: drown
der Abfall: waste

Jeder Schweizer, Babies eingerechnet, produziert jährlich rund 300 Kilogramm Abfall—300 Kilo Papier, Stoff, Plastik, Blech und Nahrungsmittel, die er nur noch zum Wegschmeißen gut findet. Vor 15 Jahren noch war die durchschnittliche Abfallsproduktion eines einzelnen Schweizers dreimal kleiner: 100 Kilo. Und nicht nur das: vor 15 Jahren waren diese 100 Kilo wesentlich weniger umfangreich—das Volumen des Unrates steigt noch rapider als das Gewicht.

eingerechnet: included
jährlich: *adj. from* Jahr
der Stoff: cloth
das Blech: tin
Nahrungsmittel (*pl.*): foodstuffs
zum Wegschmeißen = zum Wegwerfen: for throwing away
durchschnittlich: average
einzeln: single
dreimal: three times
wesentlich: significantly
umfangreich: bulky
der Unrat: trash
das Gewicht: weight

■ Other people have different ideas on the subject.

Häuser zum Wegwerfen

'Wegwerf-Architektur'

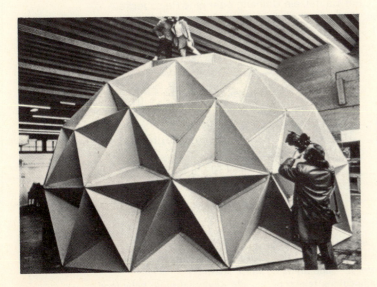

Das Haus aus Pappe könnte alle Wohnprobleme lösen

die Pappe: cardboard   lösen: solve

■ The passive voice *is* often *used* when something other than a person is at the center of attention. The following short pieces tell how many cars *are stolen* each year, what *can be carried* as free baggage and why whales *are hunted*.

Ganz kurz

Gestohlen

werden in der Bundesrepublik rund 80 000 Automobile pro Jahr. Nur knapp 40 Prozent aller Diebstähle können aufgeklärt werden.

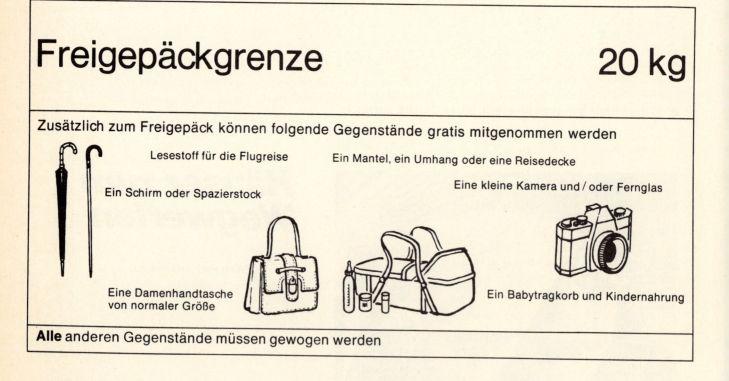

Freigepäckgrenze   20 kg

Zusätzlich zum Freigepäck können folgende Gegenstände gratis mitgenommen werden

Lesestoff für die Flugreise

Ein Schirm oder Spazierstock

Ein Mantel, ein Umhang oder eine Reisedecke

Eine kleine Kamera und / oder Fernglas

Eine Damenhandtasche von normaler Größe

Ein Babytragkorb und Kindernahrung

Alle anderen Gegenstände müssen gewogen werden

gestohlen (*past participle of* **stehlen**): stolen **knapp:** barely **Diebstähle** (*pl.*): thefts
aufgeklärt (*past participle*): cleared up, solved **die Grenze:** limit **zusätzlich zu:** in addition to
Gegenstände (*pl.*): objects **der Lesestoff:** reading matter **der Umhang:** wrap, shawl
die Reisedecke: traveling rug, blanket **das Fernglas:** binoculars, telescope **die Kindernahrung:** baby food
gewogen (*past participle of* **wiegen**): weighed

Wal: er ist kein Fisch, obwohl er im Meer lebt, wie ein riesiger Fisch aussieht und auch Walfisch genannt wird. Schon in der Bibel wird von dem Walfisch berichtet, in dessen Bauch Jonas um seine Befreiung betete. Der Wal ist das größte Säugetier. Der Blauwal, der schon bei der Geburt 8 m lang ist und ausgewachsen 31 m lang und 150 000 kg schwer wird, ist sogar das größte Tier der Erde. Wale werden wegen ihres Fettes, das Tran liefert, gejagt. Ein „berühmter" Wal ist der weiße Wal Moby Dick, der Held des Romans „Moby Dick" von Herman Melville.

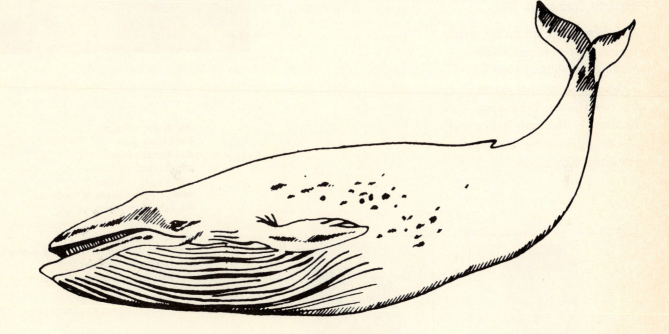

obwohl: although   **riesig:** gigantic   **genannt** (*past participle of* **nennen**): called, named
berichtet: (*past participle of* **berichten**): reported   **dessen:** whose   **der Bauch:** belly   **beten um:** pray for
das Säugetier: mammal   **die Geburt:** birth   **ausgewachsen:** fully grown   **wegen ihres Fettes:** for their fat
der Tran: whale oil

■ Nowhere is a language or a culture more cosmopolitan than in the area of **Delikatessen,** and no country is better situated than Germany to take advantage of Europe's rich offerings in cheese. If you look in *Webster's Third New International Dictionary,* you will discover that smearcase (**Schmierkäse,** any soft and spreadable cheese) is a perfectly good English word.

der **Sonderteil:** special section

Alles über Käse

Käse gibt's von der Kuh, von der Ziege, vom Schaf, vom Rentier, vom Yak und vom Lama. In Deutschland wird allerdings nur Kuhmilch-Käse produziert: fast 200 000 Tonnen im Jahr.

Auf dieser Seite finden Sie sechs Sorten aus der riesigen Käse-Familie. Sie stammen aus Deutschland und aus seinen Nachbarländern Dänemark, Frankreich, Holland, Italien und aus der Schweiz. Sie finden sie bei Ihrem Kaufmann.

der **Käse:** cheese
die **Ziege:** goat
das **Schaf:** sheep
das **Rentier:** reindeer
allerdings: however
wird . . . produziert: is produced
im Jahr: per year

die **Seite:** page
stammen aus: come from, are native to
der **Nachbar:** neighbor
der **Kaufmann:** merchant, grocer

Emmentaler hat seinen Namen aus dem Schweizer Emmental und ist berühmt für seine großen Löcher.

Danablu, auf deutsch: ,,Dänisches Blau,'' ein Käse mit 50 Prozent Fettgehalt.

Schweizer: Swiss
das **Tal:** valley
Emmental: Emmen Valley
berühmt: famous
Löcher (*pl.*): holes
der **Fettgehalt:** fat content

Brie, Bestseller aus
Frankreich und nach
Fürst Metternich der
„König der Käse".
Seine Heimat ist das
Bauernland der Brie,
nördlich von Paris.
Sein Fettgehalt: ca. 50
Prozent. Geschmack:
cremig mild.

nach Fürst Metternich: according to Prince Metternich
König der Käse: king of cheeses (*a genitive plural*)
die Heimat: homeland
das Bauernland: farm country
Brie: *name of the region*
der Geschmack: taste

Gorgonzola, der einzige
Vertreter der Schafskäse
in unserer Aufzählung,
ähnlich dem französi-
schen Roquefort,
allerdings etwas milder.

einzig: sole, only
der Vertreter: representative
der Schafskäse: sheep cheese (*here in genitive plural*)
die Aufzählung: list
ähnlich dem: similar to the (*takes dative case*)
etwas: somewhat

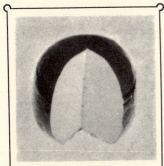

Edamer, wie der Gouda,
Lieblingskind der
Holländer, meist
kugelrund und rot.
Schmeckt mild.

Gouda: Gouda (*proper name*)
das Lieblingskind: favorite child
kugelrund: spherical
schmecken: taste

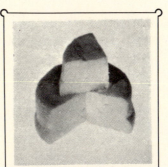

Munster, von Mönchen im
elsässischen Münstertal
im 7. Jahrhundert
erfunden. Ein feinge-
würzter Weichkäse mit
50 Prozent Fettgehalt.

der Mönch: monk
elsässisch: Alsatian
das Tal: valley
das Jahrhundert: century
erfunden: concocted
feingewürzt: delicately spiced
weich: soft

43

A ride on a German train really can be a pleasure—
it can even be **dynamisch.** The food is good,
the service is excellent, and the scenery is first rate,
as the poster would indicate.

Das ist er also,
der langerwartete Intercity.
Seit Jahren diskutiert.
Und ebenso gründlich
vorbereitet. INTERCITY.
Schon der Name
klingt dynamisch!
Nach Tempo! Nach Technik!
Genauso haben wir geplant.

Wo darf ich servieren?
Zweimal Fensterplatz, bitte!
Im Speisewagen
essen Sie ganz vorzüglich.
Delikate Salate,
pikante Vorspeisen,
ausgewählte Menüs.

Während Sie genießen,
plaudern, rauchen,
werfen Sie ruhig ab und zu
einen Blick nach draußen –
durch große
Panorama-Scheiben
in die Weite Deutschlands.

langerwartet: long-awaited
diskutiert: discussed, talked about
gründlich: thoroughly
vorbereitet: prepared, developed

klingen (nach): sound (like)

genauso: just that way

der Speisewagen: dining car
vorzüglich: excellently

Vorspeisen (*pl.*): hors d'oeuvres
ausgewählt: selected

genießen: enjoy
plaudern: chat
ab und zu: now and then
einen Blick werfen: cast a glance

die Scheibe: pane
die Weite: breadth, open space

■ But for an eight-year-old even a ride on the Intercity can last too long.

Schreibheft
für
Ruthi Reichmann
2 Schulj.

Nr. 2   Rubfus Olymp-Heft   80 g holzfrei

In den X Ferien fuhr ich mit meiner Mutter nach Aberstorf. Ich hatte mich sehr auf die Fahrt gefreut, denn es war meine erste Bahnfahrt. Ein Speisewagen war auch im Zug. Wir haben darin gefrühstückt und zu Mittag gegessen. Aus dem Fenster konnte ich den Rhein und viele Burgen sehen. Aber die Fahrt dauerte viel zu lange und es war furchtbar heiß. Ich will lieber nicht mehr mit dem Zug fahren.

sich freuen auf: look forward to

darin: in it (*the* dining *car*)

zu Mittag essen: eat lunch

Burgen (*pl.*): castles

The John F. Kennedy Institute at the **Freie Universität Berlin** is one of Germany's best-known and most prestigious departments of American Studies. We've excerpted its offerings by choosing two typical courses from each area of concentration. Except for this shortening, however, the catalog copy is exactly what you would find—complete with the cabalistic abbreviations of cataloguese.

ZI 2 John-F.-Kennedy-Institut

I. Abteilung für Amerikanische Literatur

A. Literatur

32 170	PS	Zeitgenössische Massenliteratur in den USA Di 17–19 – Lansstraße 7–9, Hs 3 (Siehe bes. Aushang)	Sollors
32 150	PS	Einführung in das Studium der amerikanischen Literatur Fr 10–12 – Lansstraße 7–9, Hs 3 (Siehe bes. Aushang)	Frank, Hoenisch, Peper

zeitgenössisch: contemporary
die Massenliteratur: mass literature
der Aushang: notice
die Einführung: introduction

B. Linguistik

32 182	Ü	Phonetische Übungen Do 13–15 – Ostasiatisches Seminar, Podbielskiallee 42, Sprachlabor, Zi. 13 (Siehe bes. Aushang)	Hoaglund
32 183	Ü	Remedial Exercises im American English Pronunciation Do 15–17 – Ostasiatisches Seminar, Podbielskiallee 42, Sprachlabor, Zi. 13 (Siehe bes. Aushang)	Hoaglund

Übungen (*pl.*): exercises
das Sprachlabor: language laboratory

II. Abteilung für Amerikanische Politik

32 251	S	Die Vereinigten Staaten und die Dritte Welt nach 1945 Di 17–19 – Lansstraße 7–9, Hs 2 (20. 4.)	Baring, Domes, Hirsch-Weber
32 275	Ü	Die politische Bedeutung der Massenmedien in den USA und der BRD Mo 17–19 – Lansstraße 7–9, Hs 1	Kleinsteuber

die Vereinigten Staaten:
 the United States
Massenmedien (*pl.*): mass media

CATALOG ABBREVIATIONS

V = **Vorlesung** (lecture)
C = **Colloquium** (tutorial)
PS = **Proseminar** (lower level seminar course)
HS = **Hauptseminar** (more advanced seminar, required for **Staatsexamen**)
S = **Seminar** (advanced seminar for doctoral candidates)
Ü = **Übung** (practical course)
Zi = **Zimmer**
Hs = **Hörsaal** (a large classroom)
siehe bes. Aushang: see special notice

III. Abteilung für Amerikanische Kultur

32 320	C	American Studies: Definitionen, Gebiete, Arbeits-weisen (siehe auch Abt. I) n. V. – Lansstraße 7–9 (n. V.)	**Brumm, Frank**	**Gebiete** (*pl.*): areas **Arbeitsweisen** (*pl.*): methods
32 362	PS	Ansätze einer Gegenkultur im heutigen Amerika Mi 15–17 – Lansstraße 7–9, Hs 2 (21. 4.)	**Peper**	**Ansätze** (*pl.*): beginnings **die Gegenkultur:** counter-culture **heutig:** present-day

IV. Abteilung für Amerikanische Geschichte

(13 065)	S	Geschichte und/als Sozialwissenschaft, II. Teil Mo 15–17 – Lansstraße 7–9, Hs 1 (19. 4.)	**Wehler**	
(13 072)	C	Lektüre und Diskussion wichtiger Texte: Weber, Wirt-schaft und Gesellschaft; Marx, Grundrisse zur Kritik der Politischen Ökonomie; Elias, Zivilisation Mo 12–13 – Lansstraße 7–9, Hs 2 (19. 4.)	**Wehler**	**die Lektüre:** reading **die Wirtschaft:** economy **Grundrisse** (*pl.*): outlines

V. Abteilung für Geographie Nordamerikas

32 510	V	Abgrenzung und Analyse geographischer Regionen Nordamerikas (und Vergleich zur Sowjetunion) Mo 10–12 – Lansstraße 7–9, Hs 3 (19. 4.)	**Lenz, K.**	**die Abgrenzung:** delimitation **der Vergleich:** comparison **Ergebnisse** (*pl.*): results
32 520	HS	Programme und Ergebnisse der Regionalplanung in Nordamerika Mo 14–16 – Lansstraße 7–9, Hs 3 (19. 4.)	**Lenz, K., u. Mitarbeiter**	

VI. Abteilung Wirtschaft und Gesellschaft Nordamerikas

Wirtschafts- und Sozialgeschichte

32 610	V	Wirtschafts- und Sozialgeschichte Nordamerikas II, 19. Jh. Mo 8–10 – Lansstraße 7–9, Hs 2 (19. 4.)	**Braun, R.**	
32 660	PS	Soziale Unruhen und die amerikanische Revolution Do 16–18 – Lansstraße 7–9, Hs 2 (15. 4.)	**Hoerder**	**Unruhen:** unrest(s)

Wirtschaftstheorie und Wirtschaftspolitik

32 680	PS	Geldtheorie und Geldpolitik der USA Fr 14–16 – Lansstraße 7–9, Hs 3 (16. 4.)	**Hermann, W.**	**die Geldtheorie:** monetary theory

---

Welches Semester sind Sie?	(In Germany your career at the "Uni" is reckoned in semesters, not years.)
Was belegen Sie?	**belegen:** sign up for, take (Man belegt einen Kurs.)
Studieren Sie für das Staatsexamen?	**das Staatsexamen:** State Certification, roughly equivalent to a demanding M.A.
Was haben Sie als Hauptfach?	**das Hauptfach:** major subject
Wie sind seine Vorlesungen?	**Vorlesungen** (*pl.*): lectures
Muß man eine Seminararbeit schreiben?	**die Seminararbeit:** paper
Wie prüft er—mündlich oder schriftlich?	**prüfen:** examine, test **mündlich:** orally **schriftlich:** written
Ist das alles relevant?	

■ Here are some program précis from a German radio and TV magazine.

Das Sonntagskonzert

12.00
IN FARBE

Unten: Pianist Stefan Askenase, 1896 in Polen geboren, berühmter Chopin-Interpret, spielt Werke von J. S. Bach und Mozart

Fallschirmspringen in den Bergen: Hobby von vier jungen Männern. Aus mehreren tausend Metern Höhe springen sie vom Flugzeug ab und vollführen während des freien Falls Kunststücke in der Luft. Erst kurz über dem Berg öffnen sie den Schirm. Ein Springer filmte seine Kameraden mit am Sturzhelm befestigter Kamera

13.00
IN FARBE

Drehscheibe

Geradewegs aus Moskau kommt Ninotschka nach Paris, wo sie drei allzu leichtfertigen Genossen auf die Finger sehen soll. Die schöne junge Kommunistin, kühl, streng und von asketischer Lebensart, ist offenbar gefeit gegen die bourgeoisen Verlockungen der kapitalistischen Weltstadt. Jedenfalls so lange, bis Ninotschka dem ungewöhnlich charmanten Grafen Leon d'Algoult begegnet.

Ninotschka
Filmkomödie mit Greta Garbo und Felix Bressart

20.15

Oben: Beim Spaziergang macht Ninotschka (Greta Garbo) die Bekanntschaft des Grafen Leon (Melvyn Douglas, l.). Er bietet der recht reservierten Russin an, ihr die Sehenswürdigkeiten von Paris zu zeigen

So = Sonntag: Sunday **der Fallschirm:** parachute **mehrere:** several **die Höhe:** altitude **Kunststücke vollführen:** perform acrobatics **erst kurz über:** just above **mit am Sturzhelm befestigter Kamera:** with a camera attached to his crash helmet **die Drehscheibe:** turntable (*here the name of the TV program*) **der Interpret:** interpreter **geradewegs:** straight(way) **allzu leichtfertige Genossen:** all too frivolous comrades **auf die Finger sehen:** check up on **streng:** severe **asketische Lebensart:** austere life style **offenbar:** apparently **gefeit sein gegen:** be immune to **Verlockungen** (*pl.*): temptations **die Weltstadt:** metropolis **jedenfalls:** at any rate **ungewöhnlich:** unusually **der Graf:** count **dem Grafen** (*dat.*) **begegnen:** meet the count

■ And here are some movie ads from a newspaper.

meisterlich: masterful   **die Verfilmung:** film version   **die Novelle:** novella (*long prose piece*)   **ausgezeichnet mit dem Preis:** awarded the prize   **frei (freigegeben) ab 12 Jahren:** (*lit.* free from 12 years on) children under 12 not allowed
Schimpansen (*pl.*): chimpanzees   **das Raumschiff:** space ship   **Besucher** (*pl.*): visitors   **die Flucht:** flight

49

■ This is really only for those of you who know Monopoly in English. Instead of different railroads (B & O, Reading, Short Line, Pennsylvania), the German version has the names of railroad *stations*. This is because Germany has only one railroad: **die Deutsche Bundesbahn.**

Chance is called the **Ereignis-Feld,** the *happening space,* and *Community Chest* is called the **Gemeinschafts-Feld,** literally the *community space.* Like the English game, the German game has piles of cards that tell you what to do or where to go when you land on one of these spaces.

You can see that many of the place names differ. Park Place and Boardwalk, the two most expensive properties, are called **Parkstraße** and **Schloßallee.**

Obviously the prices are different. See what other differences you can find from this sample.

MONOPOLY

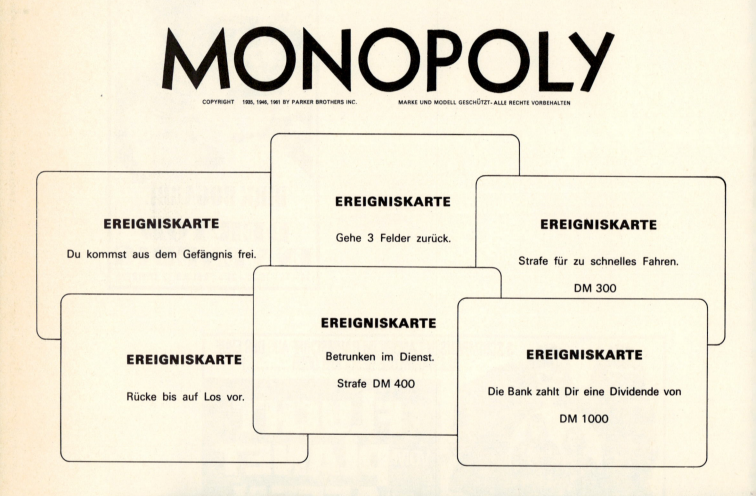

EREIGNISKARTE

Du kommst aus dem Gefängnis frei.

EREIGNISKARTE

Gehe 3 Felder zurück.

EREIGNISKARTE

Strafe für zu schnelles Fahren.

DM 300

EREIGNISKARTE

Rücke bis auf Los vor.

EREIGNISKARTE

Betrunken im Dienst.

Strafe DM 400

EREIGNISKARTE

Die Bank zahlt Dir eine Dividende von

DM 1000

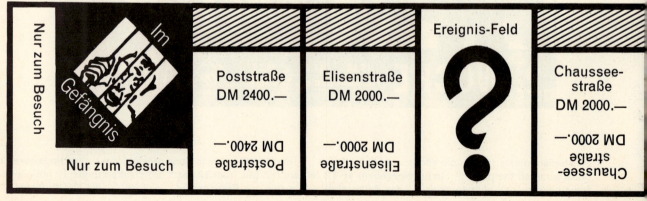

Nur zum Besuch

Im Gefängnis

Nur zum Besuch

Poststraße
DM 2400.—

Elisenstraße
DM 2000.—

Ereignis-Feld

?

Chaussee-
straße
DM 2000.—

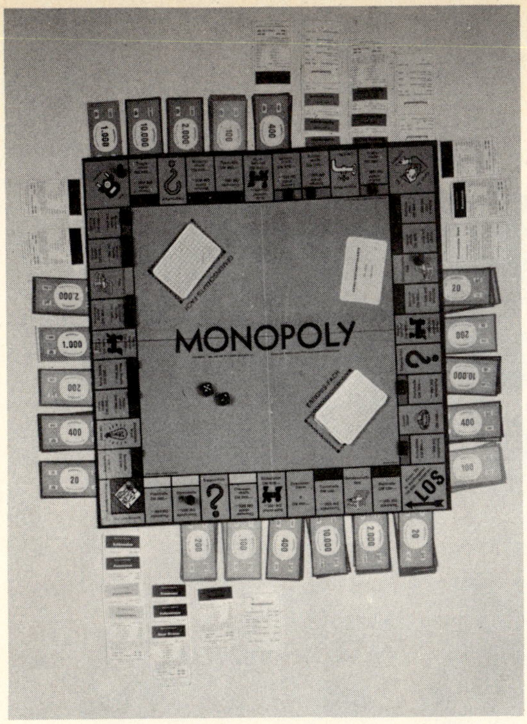

GEMEINSCHAFTSKARTE

Gehe in das Gefängnis.
Begib Dich direkt dorthin.
Gehe nicht über Los.
Ziehe nicht DM 4000 ein.

GEMEINSCHAFTSKARTE

Rücke vor bis auf Los.

GEMEINSCHAFTSKARTE

Zahle eine Strafe von
DM 200
oder nimm eine Ereigniskarte.

GEMEINSCHAFTSKARTE

Es ist Dein Geburtstag.
Ziehe von jedem Spieler DM 200 ein.

GEMEINSCHAFTSKARTE

Du erbst
DM 2000

GEMEINSCHAFTSKARTE

Zahle an das Krankenhaus
DM 2000

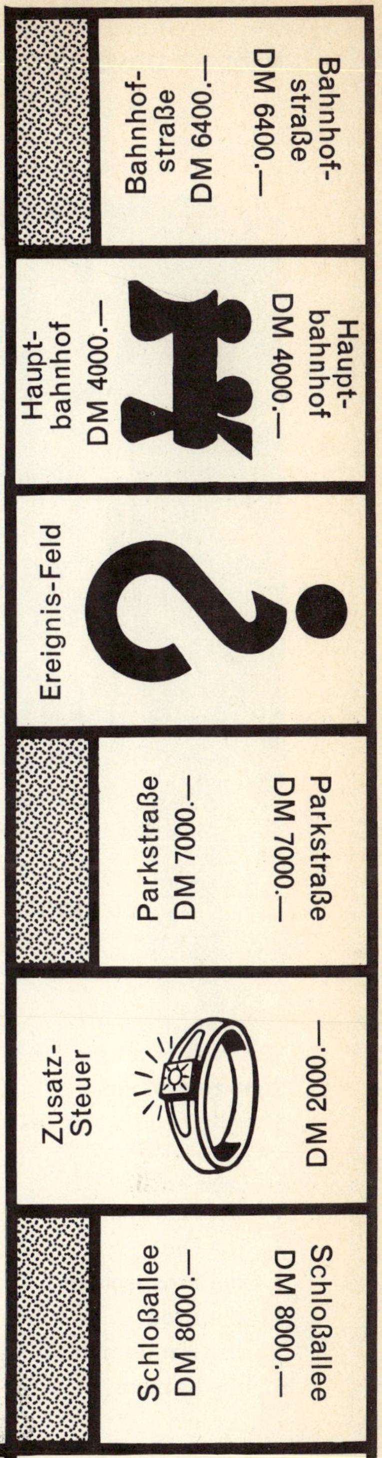

Bahnhofstraße DM 6400.—
Hauptbahnhof DM 4000.—
Ereignis-Feld
Parkstraße DM 7000.—
Zusatz-Steuer
DM 2000.—
Schloßallee DM 8000.—

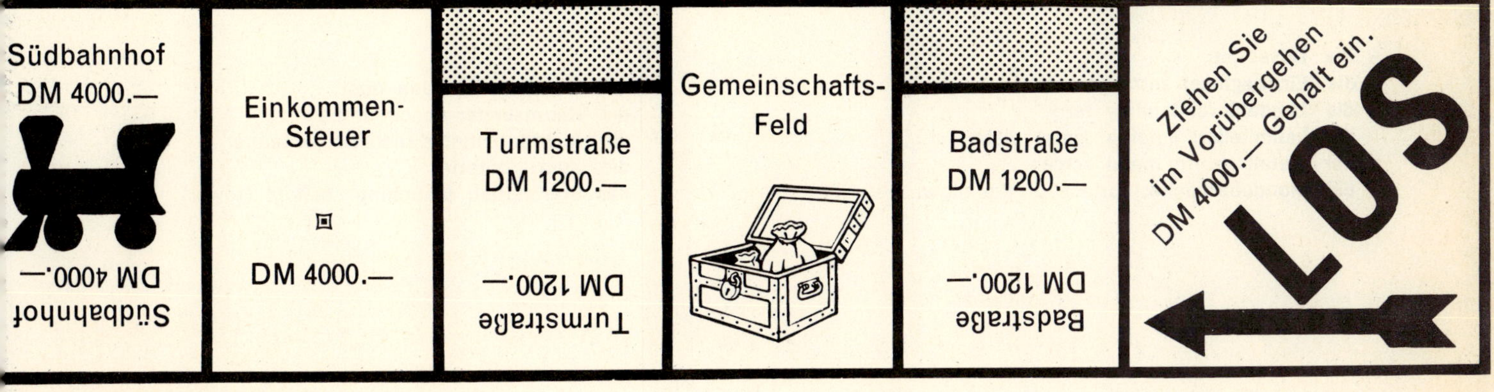

Südbahnhof DM 4000.—
Einkommen-Steuer
DM 4000.—
Turmstraße DM 1200.—
Gemeinschafts-Feld
Badstraße DM 1200.—
Ziehen Sie im Vorübergehen DM 4000.— Gehalt ein.
LOS

■ Space travel has generated many new compound words in every language.

Start zum Mond   **Mondlandung**

1	der Astronaut	**7**	der Krater	**13**	der Mondstaub	**19**	die Spur
2	die Düse	**8**	die Landefähre	**14**	die Rakete	**20**	das Startgerüst
3	die Einstiegluke	**9**	der Landeteller	**15**	der Raumanzug	**21**	das Visier
4	die Erde	**10**	der Metallschirm	**16**	der Raumhelm		
5	der Handschuh	**11**	der Mond	**17**	die Raumsonde		
6	die Kamera	**12**	die Mondoberfläche	**18**	die Richtantenne		

die Düse: jet
die Einstiegluke: entrance hatch
die Landefähre: landing ferry
der Landeteller: landing (gear) plate
der Metallschirm: metal screen
die Mondoberfläche: surface of the moon

der Mondstaub: moon dust
die Raumsonde: space probe
die Richtantenne: directional antenna
die Spur: footprint
das Startgerüst: launching scaffold (tower)

Weißt du noch, wie es war, als die ersten Menschen auf dem Mond landeten? In vielen Ländern der Erde saßen Millionen Menschen vor den Fernsehapparaten und warteten gespannt auf die ersten Bilder, die direkt vom Mond kommen sollten.

Menschen (*pl.*): human beings

gespannt: in suspense

Auch Peter und Monika haben das alles miterlebt. Vier Tage vorher hatten sie die Fernsehübertragung vom Start des Raumschiffes gesehen. An der Spitze einer riesigen Rakete war es von der Erde weg in den Himmel gestiegen, zuerst langsam, dann immer schneller und schneller.

miterleben: experience (along with everybody else)
die Fernsehübertragung: TV broadcast
die Spitze: tip, nose
riesig: gigantic
zuerst: at first

Die Landung auf dem Mond wurde mitten in der Nacht übertragen. Die Kinder waren deshalb am Abend vorher besonders früh schlafen gegangen. „Weckst du uns auch ganz bestimmt?" hatte Peter seine Mutter gefragt.

wurde . . . übertragen: was broadcast (*passive voice*)
deshalb: for this reason
am Abend vorher: the evening before
besonders: especially
wecken: wake up

Da steht nun die Mondlandefähre auf der Oberfläche des Mondes. An jedem Bein hat sie unten einen großen Teller, damit sie nicht in den Mondstaub einsinkt. Die beiden Astronauten sind ausgestiegen. Vorsichtig gehen sie in ihren dicken Raumanzügen umher. Alles, was sie brauchen, haben sie bei sich, auch die Luft zum Atmen. Diese gibt es ja hier auf dem Mond nicht. Die Männer stellen viele Geräte auf, die Peter und Monika noch nie zuvor gesehen haben. Damit werden Strahlen und vieles andere gemessen.

einsinken: sink into
vorsichtig: carefully
dick: thick
bei sich: along with them
die Luft zum Atmen: air for breathing
diese: *refers back to* **die Luft**
aufstellen: set up
Geräte (*pl.*): pieces of apparatus
nie zuvor: never before
Strahlen (*pl.*): rays, radiation
vieles andere: a lot of other things
werden . . . gemessen: will be . . . measured (*passive voice*)

Vielleicht hast du dich schon gewundert, daß die Gesichter der Astronauten auf dem Bild nicht zu sehen sind. Ihre Visiere sehen aus wie Spiegel. Sie sind so eingerichtet, daß gefährliche Strahlen nicht eindringen können.

sich wundern: be surprised, wonder
Gesichter (*pl.*): faces
Visiere (*pl.*): vizors
Spiegel (*pl.*): mirrors
eingerichtet: contrived
gefährliche Strahlen (*pl.*): dangerous rays
eindringen: penetrate

■ The language of recipes is a language of its own, full of verbs in the passive voice and impersonal constructions using **man**. The following three cold-weather punches will reward your translating them from the original cookbookese.

Einladung
zu einem kleinen Umtrunk

der Umtrunk: drinking party

PÜNSCHE FÜR PARTIES

Glühwein

ZUTATEN: Je nach Bedarf Rotwein, Zucker, Zimt und Nelken

Der Wein wird langsam erhitzt, aber nicht gekocht. Man würzt ihn nach Geschmack mit Zucker, ganz wenig Zimt und Nelken, nimmt die Gewürze heraus und reicht ihn möglichst heiß.

Feuerzangenbowle

ZUTATEN: 2 Flaschen Rotwein, 1 Zitrone, 2 Orangen, 1 Glas Rum,
              1 Stück Hutzucker (125 g), Zimt und Nelken

Den guten, aber nicht zu schweren Rotwein läßt man mit der abgeriebenen Schale der Zitrone und den Orangen heiß werden, aber nicht kochen. Man füllt den Wein in eine feuerfeste Bowle und trägt ihn ins verdunkelte Zimmer. Nun wird der Zucker mit dem Rum durchtränkt und mit einer gut gereinigten Feuerzange über den Punsch gehalten. Man zündet den Rum an und läßt den brennenden Zucker in die Bowle tropfen. Diese wird umgerührt und nach Belieben noch mit Würfelzucker nachgesüßt.

ALKOHOLFREIER PUNSCH

Falscher Glühwein

ZUTATEN: 1 Flasche Brombeer- oder roter Traubensaft,
              1 Flasche Wasser, 70 g Zucker, Zimt und Nelken

Die Zutaten werden gemischt, erhitzt, abgesiebt und heiß aufgetragen.

Zutaten (*pl.*): ingredients
je nach Bedarf: each as required
der Zimt: cinnamon   **die Nelke:** clove
erhitzen: heat
kochen: boil
würzen: spice
nach Geschmack: according to taste
Gewürze (*pl.*): spices
reichen: serve

die Feuerzangenbowle: fire-tong punch
die Zitrone: lemon
der Hutzucker: loaf sugar
die abgeriebene Schale: grated rind, peel
feuerfest: heatproof, flameproof
verdunkelt: darkened
durchtränken: soak
gereinigt: cleaned
anzünden: light, ignite
umrühren: stir
nach Belieben: at (your) pleasure
der Würfelzucker: cube sugar
nachsüßen: sweeten (after the fact)

alkoholfrei: non-alcoholic
der Brombeersaft: blackberry juice
der Traubensaft: grape juice
absieben: strain

54

Wie wäre es mit . . . : How about a . . .
Wohl bekomm's: May it do you good!

Diese Aufnahme der Erde wurde von einer Raumsonde aus 35600 Kilometern Entfernung gemacht. Im Vordergrund erkennt man Südamerika, dessen nördliche Teile von Wolkenschichten bedeckt sind. Nordamerika (oben links) und Afrika (oben rechts) sind nur zum Teil sichtbar. Aus solchen Aufnahmen lassen sich viele Informationen über Bodenstruktur, Vegetation, ja sogar Bodenschätze gewinnen.

die Aufnahme: photograph   **die Raumsonde:** space probe   **die Entfernung:** distance   **der Vordergrund:** foreground
dessen: whose   **Wolkenschichten** (*pl.*): cloud layers   **zum Teil:** partly   **sichtbar:** visible   **lassen sich . . . gewinnen:** can be gained   **die Bodenstruktur:** soil structure   **Bodenschätze** (*pl.*): mineral resources (treasures)

■ Send for your own program schedule. Here is a model:

Deutsche Welle - weltweit

89 Programme in 33 Sprachen

aktuell, interessant und objektiv. Nachrichten und Berichte aus Politik und Wirtschaft. Aus der Welt der Kultur und der Wissenschaft. Sport und Musik. Information und Unterhaltung. Der Kurzwellensender der Bundesrepublik vermittelt Ihnen ein umfassendes Bild des Lebens in Deutschland.

Wir senden täglich in deutsch, sowie in

amharisch	italienisch	russisch
arabisch	japanisch	sanskrit
bulgarisch	kisuaheli	serbisch
chinesisch	kroatisch	slowakisch
dari	maghrebinisch	slowenisch
englisch	mazedonisch	spanisch
französisch	paschtu	tschechisch
griechisch	persisch	türkisch
haussa	polnisch	ungarisch
hindi	portugiesisch	urdu
indonesisch	rumänisch	

Ausführliche Programme erhalten Sie auf Wunsch kostenlos:
Deutsche Welle, 5 Köln 1
Postfach 100444   Federal Republic of Germany

New York, den 3. März 1973

Deutsche Welle
5 Köln 1
Postfach 100444
Germany

Sehr geehrte Herren,
würden Sie mir bitte das Programm
Ihrer Sendungen nach Übersee schicken.
Ich wäre Ihnen dankbar, wenn Sie es
mir per Luftpost zusenden könnten.

Mit bestem Dank
im voraus
Ihr

die Welle: wave   **aktuell:** topical   **Nachrichten** (*pl.*): news   **Berichte** (*pl.*): reports   **die Wirtschaft:** economy
die Wissenschaft: science   **die Unterhaltung:** entertainment   **der Sender:** station   **vermitteln:** convey
umfassend: comprehensive   **ausführlich:** detailed   **kostenlos:** free of charge   **Postfach:** post office box
würden Sie . . . schicken: would you send   **nach Übersee:** overseas   **wäre:** would be   **im voraus:** in advance
zusenden könnten: could (would) send. (**Zusenden** *is just another word for* **schicken,** *used here to avoid repetition.*)

The great comic book controversy has raged for years in Europe as well as in America. Here is a summary of one of the latest studies of the correlation between comics, illiteracy, and juvenile criminality.

Machen Donald Duck und Asterix unsere Kinder dumm?

Nach den neuesten Untersuchungen sind Comics nur halb so gefährlich wie man bisher angenommen hat

Unsere Kinder können bald nicht mehr lesen, weil sie nur noch Bildergeschichten anschauen. Comics sind schuld an der ansteigenden Jugendkriminalität. Sie hemmen die geistige Entwicklung der Jugendlichen. — So ähnlich warnten Pädagogen in den letzten Jahren. Viele Eltern verboten darauf ihren Kindern, Groschenhefte mit den Abenteuern von Asterix und Donald Duck zu lesen. Völlig zu Unrecht, wie sich jetzt — nach den neuesten Untersuchungen — herausstellte. Denn:

● Comics machen unsere Kinder weder zu Analphabeten noch zu Kriminellen.

Professor A. C. Baumgärtner, Hochschule für Erziehung in Gießen, stellte fest, daß Kinder, die Comics lesen, in ihrer geistigen Entwicklung nicht gefährdet sind. Zwischen dem Intelligenzgrad der Kinder und ihrer Lektüre besteht kein Zusammenhang. Die Jungen und Mädchen lesen genauso gern andere Bücher. Sie nehmen Comics nicht halb so ernst wie es manche Erwachsenen tun.

Trotzdem sollten Eltern ihren Kindern nicht wahllos Comics zu lesen geben. Alle Geschichten, die Kriege verherrlichen, Rohheit und Gewalt darstellen oder ein allzu primitives Weltbild darstellen, sind für Kinder so ungeeignet wie böse Märchen. Donald Duck dagegen, Asterix oder Fix und Foxi schaden Ihren Kindern überhaupt nicht.

nach: according to
Untersuchungen (*pl.*): investigations
gefährlich: dangerous
bisher: heretofore, until now
annehmen: assume

nur noch: nothing but
anschauen: look at
schuld an: responsible for
ansteigen: increase
hemmen: inhibit
geistig: spiritual
die Entwicklung: development
Jugendliche (*pl.*): young people
so ähnlich: like this
Pädagogen (*pl.*): pedagogs, teachers
verbieten: forbid
darauf: thereupon
Groschenhefte (*pl.*): cheap paperbacks (*lit.* penny books)
Abenteuer (*pl.*): adventures
völlig zu Unrecht: quite wrongly
wie sich . . . herausstellte: as it turned out
machen . . . zu: turn . . . into
Analphabeten (*pl.*): illiterates
feststellen: determine, ascertain
gefährdet: endangered
der Intelligenzgrad: degree of intelligence
die Lektüre: reading matter, what (they) read
bestehen: exist, be
der Zusammenhang: connection
manche Erwachsene: many grownups
trotzdem: nevertheless
wahllos: unselectively
verherrlichen: glorify
die Rohheit: brutality
die Gewalt: violence
darstellen: depict
das Weltbild: view of the world
ungeeignet: inappropriate
böse Märchen: bad fairy tales
dagegen: on the other hand
schaden: harm
Fix und Foxi: *German comic book characters*

■ The English pub has always been famous for its gemütlichkeit. The German **Wirtschaft** has also been deservedly famous for its warm and cozy atmosphere—all it needed was a dart board.

Mit einer runden Scheibe und ein paar bunten Pfeilen machen Sie Ihre Freizeit noch schöner. Versuchen Sie es doch mal mit dem Pfeilwurf-Spiel

Dieses Pfeilspiel ist ein Volltreffer

Man kann „Dart"—so heißt das Pfeilspiel bei seinen englischen Erfindern—im Garten, im Keller, beim Picknickausflug im Wald, ja sogar auf dem Balkon spielen.

die Scheibe: disk   **ein paar:** a few   **bunt:** colorful   **Pfeile** (pl.): darts
das Pfeilwurf-Spiel: darts (name of the game) (*Look at the way this word is built up.*)   **der Volltreffer:** direct hit
Dart: *the author of this article has taken "darts" over into German as a singular*
der Erfinder: inventor   **der Keller:** basement   **Picknickausflug:** picnic outing

■ **Fußball** in Europe is not the same game as football in America, but the audiences it attracts are just as large and enthusiastic.

Fußball: dieser Sport ist und bleibt Volkssport Nummer eins für Spieler und Zuschauer. Schon vor etwa 5000 Jahren wurde in China ein Spiel betrieben, bei dem man den Ball mit dem Fuß vorwärts stieß. England ist das Geburtsland dieses Sports in der modernen Zeit. Hier wurde 1863 der erste Fußballverband gegründet. Die damaligen Regeln gelten im großen und ganzen auch heute noch. Der Ball ist mit Fuß oder Kopf in ein 2,44 m hohes und 7,32 m breites Tor zu befördern.

Das Spielfeld ist bei internationalen Spielen 75 m breit und 110 m lang. Gespielt wird in zwei Halbzeiten zu je 45 Minuten, mit einer Pause von zehn Minuten dazwischen. Jede der beiden Mannschaften besteht aus elf Spielern, von denen einer (bei Weltmeisterschaftsspielen zwei) das ganze Spiel über ersetzt werden darf.

der Fußball: soccer   **Zuschauer** (*pl.*): spectators   **etwa:** about   **wurde . . . betrieben:** was played (*lit.* carried on)
mit dem Fuß stoßen: kick   **die Geburt:** birth   **Geburts-:** native (*prefix*)   **der Verband:** association   **gründen:** found
damalig (*adj.*): of that time   **Regeln** (*pl.*): rules   **gelten:** hold, be valid   **befördern:** dispatch, carry forward, send
m = Meter: meter   **gespielt wird:** *a conventional use of the passive. There is no literal translation possible. What it means is:*
"(The game) is played in two halves of 45 minutes each."   **die Mannschaft:** team
bestehen aus: be made up of, consist of   **von denen:** of whom   **das ganze Spiel über:** during the whole game
ersetzen: replace, substitute

■ Fondue dipping is a ritual that travels well. The name is French and the prime ingredients are Swiss. The Roman legions must have found it an excellent way to use stale bread—but the ultimate sign of its ubiquitousness is that you can now buy a fondue pot with Green Stamps.

FONDUE

Fondue essen ist ein Gesellschaftsspiel. Man braucht dazu einen Fonduetopf, Appetit und gute Laune. Eine der ersten Spielregeln heißt: Fondue ißt man nie allein. Aber zu zweit ist es schon sehr zu empfehlen. Die zweite Spielregel: Wer

Fondue ißt, hat Zeit. Zum Plaudern, zum Eintunken, Abschmecken, zum Ausprobieren und zum Sattessen.

das Gesellschaftsspiel: social game, party game   dazu: for it (*refers back to* Gesellschaftsspiel)   der Topf: pot
die Laune: mood   die Regel: rule   zu zweit: *à deux*   ist sehr zu empfehlen: is to be strongly recommended
Wer . . . : anybody who . . .   zum Plaudern: for chatting   eintunken: dip, dunk   abschmecken: taste
ausprobieren: try out   sattessen: eat until (you're) full

■ Fondue mixes are available in this country, too—but the threat of disaster adds spice to a fondue made from scratch.

Käsefondue

Zutaten:

2 Gläschen Weißwein (milder Weißwein, am besten Schweizer Fendant), 1 Prise Salz, 200 g Emmentaler Käse, 300 g Greyerzer Käse, 2 Gläschen Kirschwasser, 1 Teelöffel Kartoffelmehl oder 1 Eigelb, 1 französisches Stangenbrot oder Toastbrot

Wein mit einer Prise Salz in einem irdenen Topf erwärmen. Den geriebenen Käse zugeben und bei mittlerer Hitze unter Rühren schmelzen und kurz aufkochen lassen. Kartoffelmehl mit Kirschwasser anrühren, druntermischen. Oder: Masse etwas abkühlen lassen, Eigelb drunterrühren. Topf vom Herd gleich auf das Rechaud stellen. Warm halten, damit der Käse nicht fest wird. In gulaschgroße Würfel geschnittenes Weißbrot mit einer langen Gabel in den Käse tunken. Eventuell Pfeffer frisch drübermahlen.

Dazu trinkt man Fendant oder Kirschwasser. Wer den Magen schonen will: heißen Tee. Unser schneller Tip: Käsefondue gibt es fertig gemixt zu kaufen.

der Fendant: *name of a dry white wine*
die Prise: pinch
Greyerzer Käse: Gruyère (cheese)
das Kirschwasser: kirsch (*a cherry brandy*)
das Kartoffelmehl: potato flour
das Eigelb: egg yolk
das Stangenbrot: long slim loaf, baguette
irden (*adj.*): earthen(ware)
gerieben: grated
zugeben: add
bei mittlerer Hitze: at medium heat
unter Rühren: stirring all the while
kurz aufkochen lassen: let come briefly to a boil
anrühren: stir, mix
druntermischen: mix in
die Masse: mass (*here, the mass of melted cheese*)
abkühlen: cool off
drunterrühren: stir in
der Herd: stove
gleich auf das Rechaud: right onto the rechaud
    (*a small alcohol stove that sits on the dinner table*)
fest werden: solidify
gulaschgroße Würfel: goulash-size cubes
    (*the size of the chunks of stewing meat*)
tunken: dip
eventuell: if desired
drübermahlen: grind over
dazu: along with it
der Magen: stomach
schonen: spare, take it easy on

 **P O P** IST **T O P**

Pop ist eigentlich nichts weiter als die Abkürzung vom englischen ,,popular'', bedeutet also ,,volkstümlich''. Pop Art, die populäre Kunst, will Dinge des täglichen Bedarfs zum Kunstwerk machen oder zumindest künstlerisch aufwerten.

Pop will sich nicht ernst nehmen. Er zeigt sich witzig, verspielt und manchmal wohl auch ein wenig schocking.

Überall Pop. So finden sich Pop-Elemente auch auf den meisten Posters, und werden die neuesten Hits nicht auch in poppiger Hülle angeboten? Pop schließlich auch in Comic-strips importiert aus USA, und selbst die Werbung kommt uns vielfach schon mit Pop.

Deshalb, Leute, Pop ist mehr als ein verrücktes Modewort: Pop ist eine Weltanschauung.

POP IST TOP

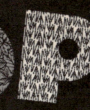

eigentlich: actually
die Abkürzung: abbreviation
volkstümlich: popular
die Kunst: art
Dinge des täglichen Bedarfs:
   everyday objects
   (*lit.* things of daily need)
zumindest: at least
aufwerten: upgrade

ernst: serious
witzig: witty
verspielt: playful

finden sich: are found
   (*lit.* find themselves)
poppig (*adj.*): *from* Pop
die Hülle: cover, wrapper
angeboten: presented, offered
schließlich: finally
die Werbung: advertising
vielfach: often

deshalb: for this reason, that's why
verrückt: crazy
das Modewort: an "in" word
die Weltanschauung: Weltanschauung,
   a whole way of looking at things

DAK

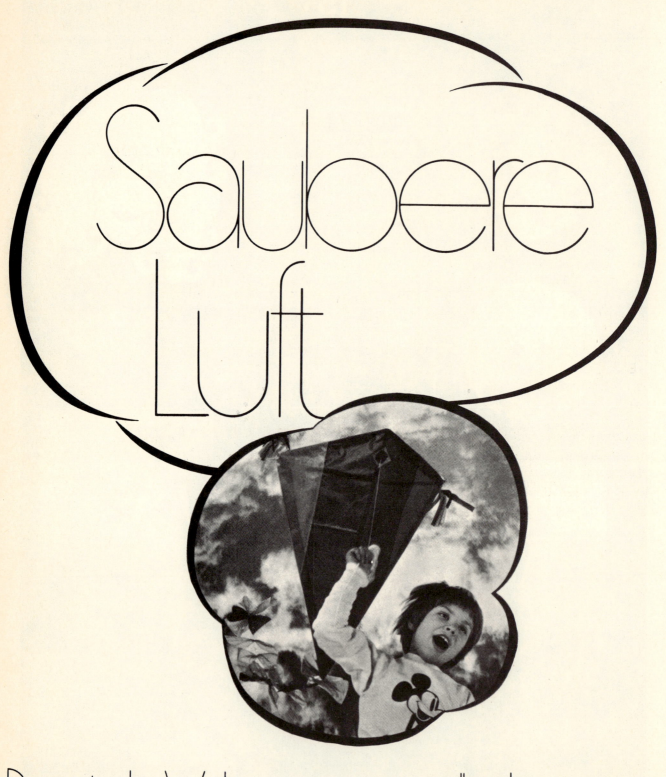

Allein im Bundesgebiet schießen Schornsteine und Auspuffrohre jährlich 20 Millionen Tonnen Schmutz in die Luft. Schwefel, Blei, Kohlenoxide, Ruß und Staub gefährden die Gesundheit. Luftverschmutzung wird zum Lebensproblem. Sind wir Menschen des technischen Zeitalters eine Selbstmordgesellschaft? Laufen wir mit offenen Augen in das Verderben? Soll es so weit kommen, daß Gasmaske und Atemgerät zur normalen Straßenbekleidung gehören?

Noch ist Zeit zur Umkehr. Die Luft kann wieder sauber werden. Flüsse und Seen sind nicht auf ewig dazu verurteilt, Kloaken zu sein. Die Landschaft muß nicht im Schmutz ersticken.

Wir von der Stromversorgung arbeiten mit an einer Welt, wie wir alle sie wollen. Wir schaffen die reine Energie, die in der Umwelt kein Unheil anrichten kann. Und wir tun alles, damit Stromerzeugung und -verteilung die Umwelt so wenig wie möglich belasten.

Elektrizitätswerke geben Millionen aus, um die Schwebstoffe in den Abgasen ihrer Kraftwerke abzufangen. Elektrofilter in den Schornsteinen der Wärmekraftwerke halten 99% aller Schmutzpartikel zurück. Auch andere Industrien könnten solche Anlagen verwenden. Die E-Werke tun es freiwillig. Weil sie selber daran interessiert sind, in einer saubereren Umwelt zu leben.

Sie tun noch mehr. Sie klären verschmutztes Flußwasser, um es als Kühlwasser benutzen zu können. Die geringe Erwärmung am Rücklauf schadet dem Fluß nicht. Erst Schmutz macht Temperaturen zum Problem.

Deutsche Verbundgesellschaft Heidelberg

das Bundesgebiet: federal territory, e.g. in West Germany
schießen: shoot
der Schornstein: smokestack
das Auspuffrohr: exhaust pipe
der Schmutz: dirt
der Schwefel: sulfur
das Blei: lead
Kohlenoxide (*pl.*): oxides of carbon
der Ruß: soot
der Staub: dust
gefährden: endanger
die Verschmutzung: pollution
wir Menschen: we human beings
das technische Zeitalter: age of technology
der Selbstmord: suicide
die Gesellschaft: society
das Verderben: ruin, ruination
Soll es so weit kommen: will things get so bad
das Atemgerät: breathing apparatus
gehören zu: belong to, be part of
die Straßenbekleidung: street clothes
die Umkehr: turning back
der Fluß: river
der See: lake
auf ewig: forever, eternally
verurteilt: sentenced, condemned
Kloaken (*pl.*): sewers
ersticken: choke, strangle
die Stromversorgung: electric power companies
arbeiten an: work on
schaffen: make, produce
rein: pure
Unheil anrichten: cause damage, do mischief
damit: so that
der Strom: electricity, power (*lit.* current)
die Erzeugung: production
die Verteilung: distribution
belasten: affect (negatively) (*lit.* burden)
Millionen = Millionen DM
ausgeben: spend
Schwebstoffe (*pl.*): suspended materials, particles in suspension
das Abgas: exhaust gas
abfangen: catch, collect
das Wärmekraftwerk: heating plant
Schmutzpartikel (*pl.*): *here* dirt particles
Anlagen (*pl.*): installations
verwenden: make use of, use, employ
freiwillig: voluntary
selber: themselves
klären: purify
verschmutzt: polluted
um es . . . benutzen zu können: in order to be able to use it
gering: slight
die Erwärmung: warming
der Rücklauf: return flow
schaden: harm (*takes a dative object*)
erst Schmutz macht . . . : It's dirt that makes . . . (*idiomatic use of* **erst**)

Ihr Alltag ist politisch — ob Sie es wollen oder nicht!

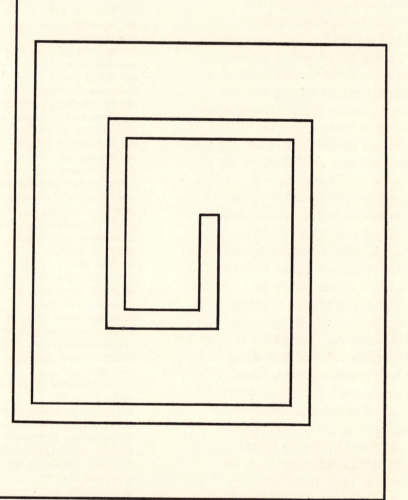

Sie können sich der Politik nicht entziehen. Alles was Sie tun, hat bereits Einfluß auf die Politik. Selbst eine Entscheidung gegen die Politik ist eine Entscheidung für die Politik. Aber nicht für Ihre, sondern für die Politik „der Anderen". Finden Sie das richtig? Ist es nicht besser, seine eigene Zukunft mitzubestimmen? Orientieren Sie sich, wo und wie Sie auf politische Entscheidungen in Ihrem Sinne wirkungsvoll Einfluß nehmen können. Schreiben Sie uns, fragen Sie uns zu Problemen unserer Zeit. Bundeszentrale für politische Bildung, 53 Bonn, Berliner Freiheit 7

Bundeszentrale für politische Bildung

■ This entry from an encyclopedia is a capsule summary of the geo-political divisions of West Germany. As you can see, two cities—Hamburg and Bremen—have the status of **Länder** (states). Berlin has ambiguous political status.

Bundesrepublik Deutschland (abgekürzt BRD): der nach dem 2. Weltkrieg gebildete Bundesstaat, der den westlichen Teil Deutschlands bildet. Die BRD besteht aus 10 Bundesländern, der Regierungssitz ist Bonn. Die Bundesflagge trägt die Farben schwarz-rot-gold. Nationalhymne ist das Deutschlandlied.

Bundesland	Einwohner Mill.	Hauptstadt	Einwohner
1. Nordrhein-Westfalen	16,4	Düsseldorf	706 000
2. Bayern	10,2	München	1 200 000
3. Baden-Württemberg	8,5	Stuttgart	640 000
4. Niedersachsen	6,9	Hannover	574 000
5. Hessen	4,8	Wiesbaden	254 000
6. Rheinland-Pfalz	3,5	Mainz	140 000
7. Schleswig-Holstein	2,3	Kiel	274 000
8. Hamburg	1,9	Hamburg	1 900 000
9. Saarland	1,1	Saarbrücken	131 000
10. Bremen	0,8	Bremen	800 400
BRD	56,4	Bonn	144 000
Berlin (West)	2,2		

abgekürzt: abbreviated **der ... gebildete Bundesstaat:** the federal state formed after WW II **bilden:** form, constitute
bestehen aus: consist of, be made up of **der Regierungssitz:** seat of government

der Alltag: everyday (life)
sich entziehen: withdraw from (*takes a dative object*)
der Einfluß: influence
selbst: even
die Entscheidung: decision
die Zukunft: future
mitbestimmen: help determine
Einfluß nehmen: have influence
in Ihrem Sinne: (*lit.*) in your sense, e.g. decisions that you find important
zu Problemen unserer Zeit: regarding problems of our times

■ Words and superwords. The will to celebrate their products leads admen to perform playful prodigies of agglomeration. The first ad is relatively sedate—merely a noun with nine prefixes.

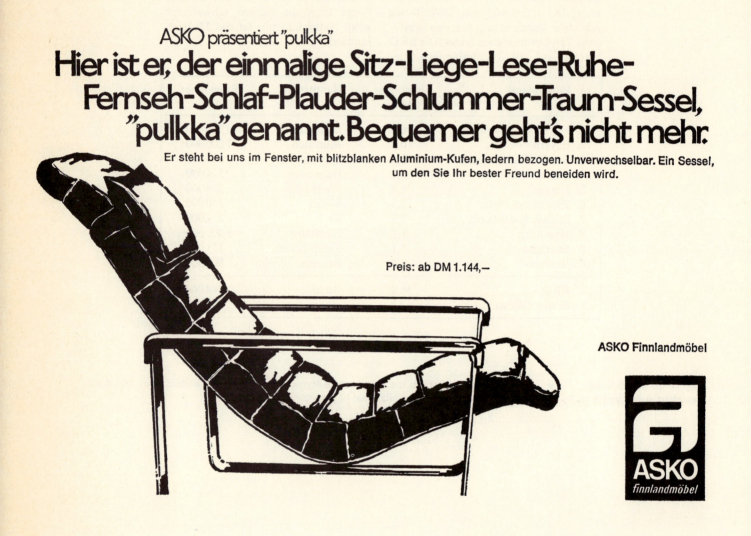

ASKO präsentiert "pulkka"

Hier ist er, der einmalige Sitz-Liege-Lese-Ruhe-Fernseh-Schlaf-Plauder-Schlummer-Traum-Sessel, "pulkka" genannt. Bequemer geht's nicht mehr.

Er steht bei uns im Fenster, mit blitzblanken Aluminium-Kufen, ledern bezogen. Unverwechselbar. Ein Sessel, um den Sie Ihr bester Freund beneiden wird.

Preis: ab DM 1.144,—

ASKO Finnlandmöbel

ASKO finnlandmöbel

einmalig: unique   **plaudern:** chat, talk   **schlummern:** slumber
Bequemer geht's nicht mehr: More comfortable you can't get.   **blitzblank:** gleaming   **Kufen** (*pl.*): runners
ledern bezogen: leather-covered   **unverwechselbar:** unmistakable   **beneiden um:** envy for   **ab:** from

■ The author of the second ad goes wild. If he can't find the right word, he invents it. This prose is in the great tradition of the carnival barker's rhetoric: hurry, hurry, hurry!

Der Freizeit-Ticker: Junghans olympic

Freizeituhr! Urlaubsuhr! Sportuhr! Taucheruhr! Parkuhr! Erstuhr!
Zweituhr! Fun-Uhr! Fan-Uhr! Nicht-nur-Uhr! Whisky-pur-Uhr!
Rund-um-die-Uhr-Uhr! Ganze Kerle mit kleinem Uhren-Tick
mögen die Junghans olympic.
Weil sie wasserdicht ist. Weil sie ein schnelles Design hat!
Und Datumanzeige! Tachometerring! Taucherring!
Oder Parkingmeterring! Glasfaserverstärktes Noryl-Gehäuse!
Gerillter Gehäuseboden! Seewasserfestes GT-Band!
Natürlich 17 Steine und Mittelsekunde.

Wir haben uns
umgeschaut: Es gibt keine
sportlichere Freizeituhr
als die Junghans olympic.
Und davon gleich 11 Modelle
ab DM 75,—.

JUNGHANS olympic

Junghans: *brand name*   **der Urlaub:** vacation   **der Taucher:** diver (skindiver)   **Whisky-pur:** straight whiskey
Ganze Kerle mit kleinem Uhren-Tick: great guys with a weakness for watches, watch freaks   **wasserdicht:** waterproof
die Datumanzeige: date indicator   **glasfaserverstärkt:** fiberglass-reinforced   **Noryl:** *brand name of a plastic*
das Gehäuse: housing, case   **gerillt:** grooved   **der Gehäuseboden:** case-plate   **seewasserfest:** saltwater-proof
der Stein: jewel   **die Mittelsekunde:** sweep second hand   **sich umschauen:** look around

71

Blumen-Kraft

Flower Power

Die Blume als Kommunikationsmittel
zwischen den Menschen. Von Herz zu Herz.
Aber auch ganz cool und commercial.
Vermittelt von einer internationalen,

kühl und geschäftlich weltweiten Institution.
Über Telefon und Telex. *Fernschreiber*
Computergesteuert. Via Fleurop.
Von Zululand nach Hammerfest.
Von Rio de Janeiro nach Moskau.

Geschichte
Wenn Sie die Fleurop-Story interessiert;
Wenn Sie facts and figures brauchen;
oder falls Ihnen irgendeine Frage
im Zusammenhang mit „Blumen in alle Welt"
Fakten und Zahlen Kopfschmerzen bereitet

Bitte, wenden Sie sich an
FLEUROP, Berlin 45, Lindenstraße 3-4,
Telefon 730251

KORRIGIERT VON DER
ARBEITSGEMEINSCHAFT
„DEUTSCHER!
SPRICH
DEUTSCH!"
GEZ. HEINRICHS

das Mittel: means

vermittelt: arranged for, transmitted

gesteuert: guided

im Zusammenhang mit: concerning, in connection with
falls Ihnen irgendeine Frage . . . Kopfschmerzen bereitet:
    in case any question at all . . . gives you a headache

sich wenden an: address oneself to, send inquiries to

korrigiert: corrected
die Arbeitsgemeinschaft: workshop

vocabulary

Only definitions applicable to the readings are given.

The nominative singular and plural forms of nouns are given, as well as any irregular genitive singular endings.

The principal parts of strong verbs are supplied, including the third person singular of the present tense (in parentheses) when it is irregular. If a verb takes **sein** as its auxiliary, this is also indicated. Weak verbs appear in the infinitive form only. Separable verbs are distinguished by a bullet: **ab·bauen.**

a

ab·bauen abolish, remove, dismantle
der **Abend, –e** evening
das **Abenteuer, –** adventure
aber but, however
die **Abfahrt, –en** departure
der **Abfall, ⁼e** trash, waste
ab·fangen catch
   (fängt ab), fing ab, abgefangen
das **Abgas** exhaust gas
abgekürzt abbreviated
abgerieben grated
die **Abgrenzung, –en** delimitation
ab·kühlen cool off
die **Abkürzung, –en** abbreviation
ab·lenken distract
ab·nehmen remove, take off
   (nimmt ab), nahm ab, abgenommen
ab·schmecken taste, test by tasting
ab·setzen take off, deduct (from taxes)
ab·sieben strain (sieve)
ab·springen jump off, jump out
   sprang ab, ist abgesprungen
ab·steigen climb off
   stieg ab, ist abgestiegen
die **Abteilung, –en** section, department
ab und zu now and then, occasionally
ab·warten (a)wait
achten auf pay attention to
die **Achtung** attention
die **Adresse, –n** address
die **Adria** Adriatic (Sea)
der **Affe, –n, –n** ape
das **Afrika** Africa
die **Agäis** Aegean (Sea)

der **Agent, –en, –en** agent
ähnlich similar, like
die **Aktion, –en** action (military)
aktuell topical, of current interest
der **Akzent, –e** accent
der **Alkohol, –e** alcohol
allein alone
allerdings to be sure, indeed
alles everything
der **Alltag** everyday life
allzu all too
als (*conj.*) when
das **Alter** age
das **Amerika** America
amerikanisch American
der **Amerikanist, –en, –en** Americanist
die **Amerikanistik** American Studies
das **Amharisch** Amharic (language of Ethiopia)
das **Amt, ⁼er** office
der **Analphabet, –en, –en** illiterate
die **Analyse, –n** analysis
an·bieten offer
   bot an, angeboten
ander– other
der **Anfang, ⁼e** beginning
das **Angebot, –e** offer, offering
der **Anglist, –en, –en** anglicist, student of English Literature and Civilization
die **Ankündigung, –en** announcement
die **Ankunft, ⁼e** arrival
an·machen turn on
an·nehmen assume
   (nimmt an), nahm an, angenommen
an·richten cause, do (damage, mischief)
an·rufen call up (telephone)
   rief an, angerufen

der **Ansatz, ⸚e** beginning
an·schauen look at
anschließend following
ansteigend rising, increasing
sich **an·ziehen** get dressed
    zog an, angezogen
an·zünden ignite
der **Appetit** appetite
das **Arabisch** Arabic
die **Arbeitsgemeinschaft, –en** workshop
die **Arbeitsweise, –n** method
die **Architektur** architecture
die **Art, –en** sort, kind
    aller Art of all kinds
der **Artikel, –** article
asketisch austere, ascetic
der **Astronaut, –en, –en** astronaut
das **Atemgerät, –e** breathing apparatus
atmen breathe
    zum Atmen for breathing
attraktiv attractive
auch also, too
auf *(prep.)* on; *(adv.)* open
auf·füllen fill up
aufgeklärt solved, explained
auf·kochen come to a boil
auf·machen open
die **Aufnahme, –n** photograph
der **Aufschnitt** cold cuts
die **Aufschnittplatte, –n** platter of cold cuts
auf·stellen set up
auf·tragen serve up
    (trägt auf), trug auf, aufgetragen
auf·werten upgrade
auf Wiederhören good-by (telephone)
auf Wiedersehen good-by
die **Aufzählung, –en** list
der **Aufzug, ⸚e** elevator
das **Auge, –n** eye
der **Ausflug, ⸚e** outing, excursion
ausführlich detailed
der **Ausgang, ⸚e** exit
aus·geben spend
    (gibt aus), gab aus, ausgegeben
ausgewachsen full grown
ausgezeichnet mit awarded (a prize)
der **Aushang, ⸚e** notice
die **Auskunft, ⸚e** information
das **Auslandsgespräch, –e** international telephone call
der **Auslandskorrespondent, –en, –en** foreign correspondent
Auslegewaren *(pl.)* knickknacks
aus·probieren try out
der **Auspuff, –e** exhaust
das **Auspuffrohr, –e** exhaust pipe
aus·sehen (wie) look (like)
    (sieht aus), sah aus, ausgesehen
aus·steigen climb out
    stieg aus, ist ausgestiegen
die **Aussteuer** dowry, trousseau

der **Austausch, –e** exchange
ausverkauft sold out
das **Auto, –s** car
der **Autofahrer, –** driver
das **Autokino, –s** drive-in movie
die **Automarke, –n** make of car
das **Automobil, –e** automobile
das **Autozubehör** auto accessories

b

das **Baby, Babies** baby
der **Babytragkorb, ⸚e** basket for carrying a baby
der **Bach, ⸚e** brook
die **Bachforelle, –n** brook trout
Badeartikel *(pl.)* everything for the swimmer
die **Bahn** railroad
    mit der Bahn by rail
die **Bahnfahrt, –en** train trip
der **Bahnhof, ⸚e** railroad station
der **Balkan** Balkans
der **Balkon, –e** balcony
der **Ball, ⸚e** ball
die **Ballade, –n** ballad
das **Ballett** ballet
der **Ballettabend, –e** ballet evening
die **Bank, –en** bank
der **Bär, –en, –en** bear
die **Bauarbeit, –en** construction work
der **Bauch, ⸚e** belly
das **Bauernland** farm country
der **Bedarf** need
bedeuten mean
die **Bedeutung, –en** meaning
bedienen attend to, service
beendet completed, finished
befestigt attached, fastened
befördern dispatch, carry forward, send
die **Befreiung** liberation
begegnen *(dat. object)* meet
die **Begegnung, –en** encounter
bei with, at
    bei der Geburt at birth
beide both
die **Beilage, –n** side dish
das **Bein, –e** leg
das **Beispiel, –e** example
beispielhaft exemplary
bekannt well known
die **Bekanntschaft** acquaintance
die **Bekleidung** clothing
belasten burden, affect negatively
belegen sign up for
belegt spread, covered
Belieben: nach Belieben according to taste
bellen bark
beneiden envy
benutzen use, make use of
bequem comfortable
bereits already
der **Berg, –e** mountain

bergab downhill
der Bericht, –e report
berichtet reported
der Beruf, –e profession
berühmt famous
bes. = besonders
besetzt busy (telephone)
besonders especially
best– best
am besten preferably
das Besteck, –e knife, fork, and spoon
bestehen (*intransitive*) to be, exist
bestand, bestanden
bestehen aus consist of
bestimmt certain
der Bestseller, – bestseller
der Besuch, –e visit
der Besucher, – visitor
beten (um) pray (for)
betreiben indulge in, play, practice
betrieb, betrieben
betreten walk on, enter
(betritt), betrat, betreten
der Betriebsausflug, ⁻e company picnic
betrunken drunk
das Bett, –en bed
die Bettfeder, –n bedsprings
die Bettwäsche bed linen
bezogen covered (furniture)
die Bibel the Bible
das Bier, –e beer
das Bild, –er picture
bilden form, constitute
die Bildergeschichte, –n picture story
die Bildung education
die Biologie biology
bis until
bisher heretofore, up until now
bitte please
bitten ask, request
bat, gebeten
läßt bitten requests (courtly style)
blau blue
der Blauwal, –e blue whale
das Blech tin, sheet metal
das Blei lead
bleiben stay, remain
blieb, ist geblieben
der Blick, –e look, glance
blitzblank gleaming
blöken bleat
die Blume, –n flower
die Bluttemperatur blood temperature
der Bodenschatz, ⁻e mineral resource
die Bodenstruktur, –en soil structure, ground feature
Bonner (*adj.*) pertaining to the city of Bonn
das Boot, –e boat
böse bad, evil
die Bowle, –n spiced wine punch
brauchen need

BRD = Bundesrepublik Deutschland
breit wide, broad
brennen burn
brannte, gebrannt
brennend burning
die Briefmarke, –n postage stamp
bringen bring, take
brachte, gebracht
die Brombeere, –n blackberry
der Brombeersaft blackberry juice
das Brot, –e bread
das Brötchen, – roll
die Brücke, –n bridge
der Brunnen, – fountain
das Buch, ⁻er book
die Bühne, –n stage
das Bühnenbild, –er set (theater)
das Bulgarisch Bulgarian
das Bundesbahnhotel railroad hotel
die Bundesflagge federal flag
das Bundesgebiet federal territory
das Bundesland, ⁻er federal state
die Bundespost Federal Postal Service
die Bundesrepublik Federal Republic
der Bundesstaat, –en Federal State
die Bundeszentrale, –n Central Federal Office
bunt gaily colored, varicolored
buntgestreift gaily striped
die Burg, –en castle
der Bürger, – citizen
der Bus, –ses, –se bus
die Buslinie, –n bus line
die Butter butter

c

das Camping camping
Celsius centigrade
charmant charming
der Charter charter (airline)
das China China
chinesisch Chinese
der Chor, ⁻e choir, chorus
die Choreographie choreography
der Computer, – computer
die Couch, –es couch
der Countdown countdown
cremig creamy

d

das Dach, ⁻er roof
dagegen on the other hand
damalig (*adj.*) then, of that time
die Dame, –n lady
Damenhüte (*pl.*) ladies' hats
die Damentasche, –n lady's handbag
die Damenwäsche lingerie
damit (*conj.*) so that; (*prepositional construction*) with it/them
danach afterwards

das **Dänemark** Denmark
  dänisch Danish
der **Dank** thanks
  dankbar thankful, grateful
  danken thank
  darauf thereupon
das **Dari** Dari (language)
  dar·stellen represent
  daß (*conj.*) that
die **Datumanzeige** date indicator (watch calendar)
  dauern last
  davon of it, of them
  dazu along with it, for it
die **Definition, –en** definition
der **Deko-Stoff** decorator fabric
  delikat delicate, delicious
  Delikatessen (*pl.*) delicatessen food, delicacies
  denken (an) think (of)
    dachte, gedacht
  denn (*conj.*) for, because
  deshalb for this reason
  dessen (*rel. pron.*) whose
das **Deutsch** German
  deutsch German
das **Deutschland** Germany
der **Dezember** December
  Di = Dienstag
  dick thick, fat, heavy
der **Diebstahl, ⁼e** theft, burglary
der **Dienst, –e** service
  im Dienst on duty
der **Dienstag** Tuesday
das **Dienstfahrzeug, –e** official vehicle
das **Ding, –e** thing
  direkt direct
die **Diskussion, –en** discussion
  diskutiert discussed
die **Dividende, –n** dividend
  Do = Donnerstag
die **Dokumentation** documentation, documentary
der **Donnerstag** Thursday
der **Drache, –n, –n** dragon
das **Drama, Dramen** drama, play
  draußen outside
die **Drehscheibe, –n** turntable
  dreibeinig three-legged
  dreimal three times
die **dreißiger Jahre** the thirties
  dreiteilig three-part
  dritt– third
  drüber·mahlen grind over
  drücken press, push
  drunter·rühren stir in
  dumm stupid
der **Durchgang, ⁼e** passage
  durchschnittlich average
  durchtränken soak
  dürfen may, be allowed to
    (darf), durfte, gedurft
der **Durst** thirst
die **Düse, –n** jet

e

  ebenso just as
das **Ei, –er** egg
das **Eigelb** yolk
  eigen (*adj.*) own
  eigentlich actually
die **Einbahnstraße, –n** one-way street
  ein·dringen penetrate
    drang ein, ist eingedrungen
der **Einfluß, ⁼e** influence
die **Einführung, –en** introduction
der **Eingang, ⁼e** entrance
  eingerechnet included, figured in
  eingerichtet contrived
  ein·hängen hang up (telephone receiver)
  einmal once
  einmalig unique
  einschließlich including
  ein·sinken sink in
    sank ein, ist eingesunken
die **Einstiegluke, –n** entry hatch
  ein·treten step in, walk in
    (tritt ein), trat ein, ist eingetreten
  ein·tunken dip in, dunk
  ein·werfen throw in
    (wirft ein), warf ein, eingeworfen
der **Einzelpreis, –e** retail price
  ein·ziehen collect (money)
    zog ein, eingezogen
  einzig (*adj.*) only
der **Elefant, –en, –en** elephant
das **Elektrizitätswerk, –e** electric plant
  Elektro-Artikel (*pl.*) electrical supplies
der **Elektrofilter, –** electric filter (for smokestack)
das **Element, –e** element
  elsässisch Alsatian
  Eltern (*pl.*) parents
das **Emmental** *name of a Swiss valley*
der **Empfang, ⁼e** reception
  empfehlen recommend
    (empfiehlt), empfahl, empfohlen
das **Ende, –n** end
  eng narrow
das **Englisch** English
  englisch English
die **Ente, –n** duck
die **Entfernung, –en** distance
die **Entscheidung, –en** decision
  entwerfen design
    (entwirft), entwarf, entworfen
die **Entwicklung, –en** development
sich **entziehen** (*with dat.*) withdraw (from)
    entzog, entzogen
  erben inherit
die **Erde** Earth, earth
der **Erdkurs** course for Earth (space travel)
das **Ereignis, –ses, –se** event, occurrence
der **Erfinder, –** inventor
der **Erfolg, –e** success
  erfreuen please, give pleasure

der **Erfrischungsraum**, ⸚e snack bar, refreshment room
erfunden invented
das **Ergebnis**, –ses, –se result
erhalten receive
  (**erhält**), **erhielt**, **erhalten**
erhitzen heat, warm up
erhöhen raise (e.g. temperature)
erkennen recognize
  erkannte, **erkannt**
ernst earnest
ersetzen replace, substitute
erst first, not until
ersticken choke, strangle
ertrinken drown
  ertrank, **ertrunken**
der **Erwachsene** (adj. noun) grownup
erwähnt discussed, mentioned
erwärmen warm up
die **Erwärmung** warming
erzählen tell
der **Esel**, – donkey
der **Eskimo**, –(s) Eskimo
essen eat
  (**ißt**), **aß**, **gegessen**
etwa about
etwas something, somewhat
das **Europa** Europe
eventuell if desired (cooking ingredients), possibly
ewig eternal
  auf ewig for all time
das **Exil** exile
die **Expedition**, –en expedition
das **Experiment**, –e experiment
der **Expreß** express

f

die **Fabrik**, –en factory
das **Fach**, ⸚er subject
die **Fähre**, –n ferry
fahren drive, go by car (or other vehicle)
  (**fährt**), **fuhr**, **ist/hat gefahren**
der **Fahrer**, – driver
der **Fahrgast**, ⸚e passenger
das **Fahrrad**, ⸚er bicycle
die **Fahrzeit**, –en schedule, running time
das **Fahrzeug**, –e vehicle
der **Fakt**, –en fact
der **Fall**, ⸚e case, instance, fall
  freier Fall free fall (parachuting)
das **Fallschirmspringen** parachute jumping
falsch false
die **Familie**, –n family
der **Fan**, –s fan (entertainment)
die **Farbe**, –n color
der **Februar** February
fehlen to be missing, absent

der **Feind**, –e enemy
feingewürzt delicately spiced
das **Feld**, –er field; space (in board games)
der **Fendant** *a Swiss white wine*
das **Fenster**, – window
der **Fensterplatz**, ⸚e window seat
Ferien (*pl.*) holidays, vacation
die **Ferienreise**, –n vacation trip
fern distant
das **Ferngespräch**, –e long distance call
das **Fernglas**, ⸚er binocular(s), telescope
der **Fernschreiber**, – teletype, telex
der **Fernsehapparat**, –e TV set
das **Fernsehen** television
das **Fernsehprogramm**, –e TV program
die **Fernsehübertragung**, –en TV transmission
der **Fernsprecher**, – telephone
das **Fernsprechverzeichnis**, –ses, –se telephone directory
die **Fernsprechzelle**, –n phone booth
fertig ready
fertig gemixt ready-mixed
fest solid
fest·stellen determine
das **Fett**, –e fat
der **Fettgehalt** fat content
das **Feuer**, – fire
feuerfest flameproof
der **Feuervogel**, ⸚ firebird
die **Feuerzange**, –n fire tongs
der **Film**, –e film, movie
der **Filmbericht**, –e film report
filmen film
Filmfestspiele (*pl.*) film festival
der **Filter**, – filter
finden find
  fand, **gefunden**
sich **finden** are to be found
der **Finger**, – finger
der **Fink**, –en, –en finch
der **Fisch**, –e fish
die **Flagge**, –n flag
die **Flasche**, –n bottle
das **Fleisch** meat
die **Fliege**, –n fly (housefly)
der **Floh**, ⸚e flea
die **Flucht**, –en flight (escape)
der **Flughafen**, ⸚ airport
die **Flugreise**, –n flight, trip by air
das **Flugzeug**, –e airplane
der **Fluß**, **Flüsse** river
das **Flußwasser** river water
die **Folge**, –n consequence
folgend following
die **Fondue**, –s fondue
der **Fonduetopf**, ⸚e fondue pot
Foto– (*prefix*) photo
Fr = Freitag
der **Frachter**, – freighter
fragen ask
das **Frankreich** France

franzÖsisch French
die Frau, –en woman; wife
die Frauensendung, –en program for women
das Freigepäck free baggage
die Freigepäckgrenze baggage limit
frei·halten keep free
(hält frei), hielt frei, freigehalten
die Freiheit freedom
der Freitag Friday
die Freizeit free time
sich freuen auf look forward to
der Freund, –e friend
die Freundlichkeit friendliness
frieren freeze
fror, gefroren
frisch cool (weather); fresh (food)
die Frostgefahr danger of frost
Frottierwaren (pl.) toweling, terry cloth goods
früh early
das Frühjahr spring
der Frühnebel early-morning fog
das Frühstück, –e breakfast
frühstücken have breakfast
das Frühstücksangebot breakfast offering (menu)
füllen fill
das Fundbüro, –s lost and found office
die Fundsache, –n (lost and) found article
fünft– fifth
die fünfziger Jahre the fifties
furchtbar terribly
der Fürst, –en, –en prince
der Fuß, –̈e foot
der Fußball soccer
der Fußballverband, –̈e soccer association
der Fußgänger, – pedestrian
füttern feed

9

g = Gramm
die Gabel, –n fork
gackern cackle
die Gans, –̈e goose
ganz quite
im großen und ganzen by and large
Ganzwörter (pl.) whole words
die Gardine, –n curtain
das Garn, –e yarn
der Garten, –̈ garden
die Gasmaske, –n gas mask
der Gaul, –̈e horse, nag (archaic)
ein geschenkter Gaul a gift horse
das Gebiet, –e area
gebildet formed, educated
geboren born
die Geburt, –en birth
Geburts– (prefix) native, birth
der Geburtstag, –e birthday
gefährden endanger
gefährdet endangered
gefährlich dangerous

das Gefängnis, –ses, –se jail, prison
gefeit gegen immune to, proof against
das Geflügel poultry
die Gegenkultur, –en counter-culture
der Gegensatz, –̈e contrast
der Gegenstand, –̈e object
der Gehalt, –e content
das Gehäuse, – case, housing
gehen go
ging, ist gegangen
gejagt hunted
gekocht boiled
gelb yellow
die Geldpolitik monetary policy
die Geldtheorie monetary theory
der Geldwechsel currency exchange
gelten hold, be valid
(gilt), galt, gegolten
gemischt mixed
gemixt = gemischt
das Gemüse vegetable
genannt called
genauso just as, just that way
genießen enjoy
genoß, genossen
der Genosse, –n, –n comrade
die Geographie geography
das Gepäck baggage
gerade precisely; straight
geradewegs straight(way)
das Gerät, –e apparatus
gereinigt cleaned
gerieben grated
gerillt grooved
gering slight
gern gladly, with pleasure
geschäftlich businesslike, commercial
Geschenkartikel (pl.) gift articles
geschenkt given as a gift
die Geschichte, –n history, story
der Geschmack taste
geschnitten (past part.) cut
die Gesellschaft, –en society
das Gesellschaftsspiel, –e party game
das Gesicht, –er face
gespannt tense, in suspense
das Gespräch, –e conversation
gestiefelt in boots
gestreift striped
die Gewalt violence
das Gewicht, –e weight
gewinnen win, gain
gewann, gewonnen
die Gewitterneigung threat of thunderstorms
der Gewitterregen thundershower
gewogen weighed
das Gewürz, –e spice
die Gicht gout
das Glas, –̈er glass, fishbowl
das Gläschen, – little glass
die Glasfaser, –n glass fiber (fiberglass)

glauben   believe
glucken   cluck
der **Glühwein**   mulled wine
gold   gold
das **Gold**   gold
der **Grad, –e**   degree
der **Graf, –en, –en**   count
gratis   free
die **Grenze, –n**   border, limit
der **Greyerzer Käse**   Gruyère
das **Griechisch**   Greek
groß   large
    im großen und ganzen   by and large
die **Größe, –n**   size
grün   green
gründen   found, establish
gründlich   thorough
der **Grundriß, –sse**   outline
die **Gründung**   founding

h

haften für   be responsible for
der **Hahn, ¨e**   rooster
der **Hai, –e**   shark
halb   half
die **Halbzeit, –en**   half (sports)
halten   hold, keep
    (hält), hielt, gehalten
die **Hand, ¨e**   hand
der **Handapparat, –e**   receiver (telephone)
die **Handarbeit, –en**   handicraft
das **Handgepäck**   hand baggage
der **Handschuh, –e**   glove
die **Handtasche, –n**   handbag, purse
der **Hauptausgang, ¨e**   main exit
der **Hauptbahnhof, ¨e**   main station (railroad)
der **Haupteingang, ¨e**   main entrance
das **Hauptfach, ¨er**   major, main subject
Haushaltwaren (pl.)   housewares
Haussa   Hausa (language)
die **Heimat**   homeland
heiß   hot
heißen   be called
    hieß, geheißen
heiter   fair (weather)
der **Held, –en, –en**   hero
hemmen   stunt, inhibit
sich **heraus·stellen**   turn out (to be), prove (to be)
der **Herbst, –e**   fall, autumn
der **Herd, –e**   stove, range
die **Herrenabteilung**   men's department
Herrenartikel (pl.)   men's notions
Herrenhüte (pl.)   men's hats
das **Herz, –ens, –en**   heart
heutig   present-day
hier   here
der **Hifi**   hi-fi set
das **Hindi**   Hindi (language)
der **Hinweis, –e**   tip, hint

der **Hit, –s**   hit (song)
die **Hitze**   heat
das **Hobby, Hobbies** or **–ys**   hobby
hoch/hoh–   high
die **Hochzeit, –en**   wedding
die **Höhe, –n**   altitude, height
das **Holland**   Holland
der **Holländer**   Dutchman
hören   hear
der **Horizont, –e**   horizon
der **Hörsaal**   large classroom
das **Hotel, –s**   hotel
das **Huhn, ¨er**   chicken
die **Hühnerbrühe**   chicken broth
die **Hülle, –n**   cover, covering, shell
der **Humor**   humor
der **Hund, –e**   dog
der **Hunger**   hunger
hupen   honk, beep, blow horn
der **Hutzucker**   loaf sugar

i

iahen   bray, heehaw
die **Illustrierte, –n**   picture magazine
das **Image**   image (public relations)
importieren   import
die **Impression, –en**   impression
der **Indianer, –**   Indian (American)
das **Indonesisch**   Indonesian
die **Industrie, –n**   industry
die **Information, –en**   information
die **Insel, –n**   island
die **Inselwelt, –en**   island world
das **Institut, –e**   institute
die **Inszenierung, –en**   production, mise-en-scène
der **Intelligenzgrad**   degree of intelligence, I.Q.
interessant   interesting
interessiert   interested
international   international
der **Interpret, –en, –en**   interpreter, exponent
die **Interpretation, –en**   interpretation (of events)
das **Interview, –s**   interview
irden   earthen(ware)
irgendein   any . . . at all
is   (colloquial slurring of ist)
das **Island**   Iceland
das **Italien**   Italy
das **Italienisch**   Italian

j

ja   yes
die **Jagd, –en**   the hunt, hunting
jagen   to hunt
der **Jahrgang, ¨e**   volume (for publications that use
    volume and issue numbers)
das **Jahrhundert, –e**   century
jährlich   yearly

das **Japanisch** Japanese
je nach Bedarf as required
jedenfalls at any rate, in any case
jeder each, every
der **Jet** jet (airplane)
Jonas Jonah
das **Jubiläum, –läen** jubilee
die **Jugend** youth
der **Jugendaustausch, –e** exchange of young people
der/die **Jugendliche** (*adj. noun*) young person
die **Jugendmarke, –n** youth stamp
der **Junge** (*adj. noun*) boy
die **Jura** law (as academic major)

k

der **Kaffee, –s** coffee
kalt cold
die **Kamera, –s** camera
der **Kamerad, –en, –en** comrade
kämpfen um fight for
das **Kampflied, –er** battle song
der **Kanal, ∸e** canal
das **Känguruh, –e** *or* **–s** kangaroo
das **Kännchen, –** small pot
die **Kanne, –n** pot, jug, pitcher
die **Karte, –n** ticket; map
das **Kartoffelmehl** potato flour
der **Käse, –** cheese
die **Käsefondue, –s** cheese fondue
die **Kasse, –n** cashier's desk
der **Kater, –** tomcat
die **Katze, –n** cat
kaufen buy
der **Kaufmann, –leute** merchant
der **Keller, –** cellar, basement
kennenlernen meet, get to know
die **Keramik** pottery
der **Kerl, –e** guy
kikerikien crow, cock-a-doodle-doo
das **Kilo, –s** kilogram, kilo
das **Kilogramm, –e** kilogram
der **Kilometer, –** kilometer
das **Kind, –er** child; baby
das **Kindermöbel** children's furniture
die **Kindernahrung** baby food
der **Kinderwagen, –** baby carriage
die **Kinderzeichnung, –en** child's drawing
das **Kirschwasser** kirsch (cherry brandy)
das **Kisuaheli** Swahili (language)
klären clarify
die **Kleidung** clothing
das **Kleingeld** small change
das **Kleinmöbel** occasional furniture
klingen (nach) sound (like)
klang, geklungen
die **Kloake, –n** sewer
der **Knabe, –n, –n** boy (archaic)
knapp barely
kochen boil; cook

das **Kohlenoxyd** carbon monoxide
kölnisch Cologne (*adj.*)
kölnisches Wasser eau de Cologne
der **Kommentar, –e** commentary
der **Kommissar, –e** commissar, commissioner
das **Kommunikationsmittel, –** means of communication
die **Kommunistin, –en** communist (*f.*)
die **Konfitüre, –n** jam, preserves
der **König, –e** king
können can, be able to
(kann), konnte, gekonnt
könnte/könnten would be able to (*subjunctive forms of* **können**)
der **Kontinent, –e** continent
das **Konzert, –e** concert, concerto
Kopfschmerzen (*pl.*) headache
die **Koralle, –n** coral
korrigiert corrected
kosten cost
kostenlos free of charge
das **Kostüm, –e** costume
die **Kraft, ∸e** power
der **Kraftfahrer, –** driver, motorist
das **Kraftwerk, –e** power plant
das **Krankenhaus, ∸er** hospital
der **Krater, –** crater
der **Krieg, –e** war
der **Kriminelle** (*adj. noun*) criminal
die **Kritik, –en** criticism
das **Kroatisch** Croatian
das **Krokodil, –e** crocodile
der **Krug, ∸e** pitcher
das **Küchenmöbel** kitchen furniture
die **Kufe, –n** runner (furniture)
kugelrund round as a ball
die **Kuh, ∸e** cow
kühl cool
das **Kühlwasser** coolant, cooling water
die **Kuhmilch** cow's milk
die **Kultur, –en** culture
der **Kundendienst** customer service
das **Kunstgewerbe** crafts
künstlerisch artistic
künstlich artificial
das **Kunststück, –e** trick
das **Kunstwerk, –e** work of art
die **Kurzgeschichte, –n** short story
Kurzwaren (*pl.*) notions (in dept. store)
der **Kurzwellensender, –** shortwave station

l

das **Lama, –s** llama
die **Lampe, –n** lamp
das **Land, ∸er** land, country, state
die **Landefähre** (lunar) landing ferry
landen land
der **Landeteller, –** landing gear plate (part of lunar lander)

die **Landschaft,** –en landscape
die **Landung,** –en landing
lang long
langerwartet long-awaited
langsam slow
lassen let, allow, have (something) done
  (**läßt**), **ließ, gelassen**
laufen run
  (**läuft**), **lief, ist gelaufen**
die **Laune,** –n mood
laut loud
lauter nothing but
die **Lautmalerei** onomatopoeia
das **Leben** life
die **Lebensart** life style
Lebensmittel (*pl.*) foodstuffs
Lederwaren (*pl.*) leather goods
leicht easy, light
leichtfertig frivolous
leise quiet, soft
die **Lektüre** reading matter, what one reads
die **Lernstunde,** –n classroom period
lesen read
  (**liest**), **las, gelesen**
der **Lesestoff** reading matter
letzt last
  letzten Endes in the last analysis
Leute (*pl.*) people
das **Licht,** –er light
lieben love
lieber rather
das **Lieblingskind,** –er favorite child
liegen lie
  lag, gelegen
die **Linguistik** linguistics
das **Loch,** –er hole
lockend beckoning, enticing
der **Löffel,** – spoon
lösen solve
die **Luft** air
der **Luftdruck** air pressure
die **Luftpost** airmail
lustig merry
die **Lyrik** lyric poetry

m

m = **Meter**
das **Mädchen,** – girl
das **Magazin,** –e magazine
der **Magen,** – stomach
das **Maghrebinisch** language of Maghreb (NW Africa)
der **Mai** May
man one (*indef. pron.*)
der **Manager,** – manager
manchmal often
der **Mann,** –er man
die **Männersache,** –n man's business, a thing for men

die **Mannschaft,** –en team
der **Mantel,** – overcoat
das **Märchen,** – fairy tale
die **Märchentruhe** (treasure) chest of fairy tales
die **Mark** mark (currency)
die **Marke,** –n brand, make
der **Mars** Mars
das **Maß,** –e measure
  nach Maß (made) to measure
die **Massenliteratur** mass literature
Massenmedien (*pl.*) mass media
die **Mathematik** mathematics
die **Maus,** –e mouse
das **Mazedonisch** Macedonian
meckern bleat
die **Medizin** medicine; medical science
das **Meer,** –e ocean, sea
mehr more
mehrere several
meist usually
meisterlich masterful
der **Mensch,** –en, –en human being
menschlich human
das **Menü,** –s menu
messen measure
  (**mißt**), **maß, gemessen**
das **Messer,** – knife
der **Metallschirm,** –e metal screen
der/das **Meter,** – meter (linear)
Metternich Prince Metternich
Mi = **Mittwoch**
miauen meow
Miederwaren (*pl.*) foundation garments
die **Milch** milk
mild mild
das **Militär** military, army
die **Million,** –en million
mindestens at least
die **Minute,** –n minute
mit·bestimmen help determine
mit·erleben experience along with
mit·nehmen take along
  (**nimmt mit**), **nahm mit, mitgenommen**
der **Mittag** noon
  zu Mittag essen have lunch
das **Mittel,** – means
mitten in in the middle of
mittler– medium
der **Mittwoch** Wednesday
der **Möbelstoff,** –e upholstery fabric
Mo = **Montag**
mochte liked (*past tense of* **mögen**)
möchte would like (*subjunctive of* **mögen**)
das **Modell,** –e model
modern modern
Modewaren (*pl.*) millinery, fancy goods
das **Modewort,** –er "in" word
mögen like
  (**mag**), **mochte, gemocht**
die **Möglichkeit,** –en possibility
möglichst as . . . as possible

der **Mohrenkönig,** –e Moorish king
der **Moment,** –e moment
    monatlich monthly
der **Mönch,** –e monk
der **Mond,** –e moon
die **Mondlandefähre** moon-landing ferry
die **Mondoberfläche** lunar surface
der **Mondstaub** lunar dust
das **Monster,** – monster
der **Montag** Monday
der **Mopedfahrer,** – motorbike rider
der **Mordverdächtige** (*adj. noun*) murder suspect
der **Motor,** –en motor
das **Motorboot,** –e motorboat
    muhen moo
    mündlich orally
das **Münstertal** Münster Valley
der **Münzfernsprecher,** – pay phone
die **Musik** music
das **Musikinstrument,** –e musical instrument
die **Mutter,** ⸚ mother

n

    nach after, according to
      nach Geschmack according to taste
der **Nachbar,** –s *or* –n, –n neighbor
das **Nachbarland,** ⸚er neighboring country
der **Nachmittag,** –e afternoon
    Nachrichten (*pl.*) news
    nach·süßen sweeten afterwards
die **Nacht,** ⸚e night
die **Nachtküche** room service
    nächtlich nightly, nocturnal
die **Nahrung** nourishment
das **Nahrungsmittel,** – foodstuff
der **Name,** –n, –n name
die **Nation,** –en nation
die **Nationalhymne,** –n national anthem
die **Natur** nature
    natürlich natural
    'ne (*colloquial slurring of* **eine**)
    neben next to
    neblig foggy
    nein no
die **Nelke,** –n clove (spice); carnation
    nennen name, call
      nannte, genannt
der **Nerz,** –e mink
    neunzig ninety
der **Nickel,** – nickel
    nie never
der **Nil** Nile
    noch still
das **Nordamerika** North America
    nördlich north, northern
    normal normal
der **Notausgang,** ⸚e emergency exit
    notieren jot down, make a note of
die **Novelle,** –n novella

die **Nummer,** –n number
    nun now
    von nun an from now on, from that point on
    nur only
    nur noch nothing but
der **Nußknacker,** – nutcracker; Nutcracker Suite

o

    oben above
das **Oberbayern** Upper Bavaria
die **Oberbekleidung** outer clothing
die **Oberfläche** surface
    objektiv objective
das **Obst** fruit
    obwohl although
der **Ochs,** –en, –en ox
    oder or
    offenbar apparently
    öffentlich public
    öffnen open
die **Ökonomie** economy
der **Onkel,** – uncle
die **Oper,** –n opera
das **Optische** optical effects
die **Orange,** –n orange
das **Orchester,** – orchestra
der **Orient** Orient
    orientieren orient
das **Original,** –e original
    originell original, ingenious
die **Ortsauskunft,** ⸚e local information
das **Ortsgespräch,** –e local call
    ostasiatisch East Asiatic

p

der **Pädagoge,** –n, –n educator
das **Papier,** –e paper
die **Pappe** cardboard
das **Paradies** paradise
die **Parfümerie,** –n cosmetic counter
    parken park
das **Parkhaus** parking facility in a building
der **Parkplatz,** ⸚e parking place, parking lot
der **Partner,** – partner
die **Party, Parties** party
das **Paschtu** Pashto, Pushtu (language of Afghanistan)
der **Paß,** ⸚sse pass (port)
die **Pause,** –n intermission, break
der **Pelz,** –e fur
das **Persisch** Persian
die **Pest,** –en plague
    Pf = Pfennig
der **Pfad,** –e path
die **Pfanne,** –n pan
der **Pfeffer** pepper
der **Pfeil,** –e arrow, dart

der **Pfeilwurf, -̈e**   dart throwing
der **Pfennig, -e**   "penny" (1/100 of a **Mark**)
das **Pferd, -e**   horse
    phonetisch   phonetic
der **Pianist, -en, -en**   pianist
das **Picknick, -e** *or* **-s**   picnic
der **Picknickausflug, -̈e**   picnic outing
    planen   plan
der **Planet, -en, -en**   planet
die **Plastik**   plastik
    plaudern   chat
das **Polen**   Poland
die **Politik**   politics
    politisch   political
die **Polizei**   police
    polnisch   Polish
    poppig   pop
    populär   popular
die **Portion, -en**   portion
das **Portugiesisch**   Portuguese
das **Porzellan, -e**   porcelain
die **Post**   mail, post office
das **Postamt, -̈er**   post office
der **Poster, -s**   poster
das **Postfach, -̈er**   post office box
der **Preis, -e**   price; prize
die **Presse**   press (the medium)
das **Prinzip, -ien**   principle
die **Prise, -n**   pinch (salt or snuff)
    privat   private
die **Privatfliegerei**   private flying
    pro   per
        pro Jahr   per year
das **Problem, -e**   problem
die **Produktion, -en**   production
    produzieren   produce
die **Profiltiefe**   depth of tread (tires)
die **Programmvorschau**   program preview (TV)
der **Protest, -e**   protest
das **Prozent, -e**   per cent
die **Prüfstelle, -n**   inspection station
die **Prüfung, -en**   test
der **Pudding, -e** *or* **-s**   pudding
der **Punsch, -̈e**   punch
    pur   straight (whiskey)

q

die **Querstraße, -n**   cross street
    quieken   squeak, squeal

r

das **Rad, -̈er**   wheel
    Rad fahren   ride a bicycle
der **Radwanderweg, -e**   bicycle path
die **Rakete, -n**   rocket
die **Rallye, Rallies**   (automobile) rally
    rapid   rapid

das **Rasierwasser**   after-shave lotion
das **Rathaus, -̈er**   city hall
    rauchen   smoke
    Räucherwaren (*pl.*)   smoked meats
das **Rauchzeichen, -**   smoke signal
der **Raumanzug, -̈e**   space suit
die **Raumfahrt**   space travel
der **Raumhelm, -e**   space helmet
das **Raumschiff, -e**   space ship
die **Raumsonde, -n**   space probe
    reagieren auf   react to
das **Rechaud, -s**   small alcohol stove
    recht (*adv.*)   right, quite
das **Recht, -e**   right
    rechts   (to the) right
    reden   talk
die **Regel, -n**   rule
der **Regen**   rain
die **Regie**   direction (theater or movies)
der **Regierungssitz, -e**   seat of government
die **Region, -en**   region
die **Regionalplanung**   regional planning
der **Regisseur, -e**   director (theater or movies)
    regnen   rain
das **Reich, -e**   realm, empire
    reichen   reach, hand around, serve
der **Reifen, -**   tire
    rein   pure
der **Reis**   rice
die **Reise, -n**   trip
die **Reiseauskunft**   travel information
das **Reisebüro, -s**   travel bureau
die **Reisedecke, -n**   traveling rug (blanket)
der **Reisedienst, -e**   travel service
das **Reisegepäck**   baggage
das **Rentier, -e**   reindeer
der **Report, -e**   report
die **Reportage, -n**   on-the-spot report
der **Rettungsdienst, -e**   emergency service, ambu-
    lance service
die **Revolution, -en**   revolution
der **Revolver, -**   revolver
der **Rhein**   Rhine
die **Richtantenne, -n**   directional antenna
    richtig   correct
der **Riese, -n, -n**   giant
    riesengroß   huge
    riesig   gigantic
die **Rohheit**   brutality
die **Rolltreppe, -n**   escalator
der **Roman, -e**   novel
der **Römer, -**   Roman
die **Rose, -**   rose
    rot   red
der **Rotwein, -e**   red wine
    rücken   move
der **Rücklauf, -̈e**   return flow
die **Rücksicht**   consideration
    Rücksicht nehmen auf   be considerate of
    ruhig   quiet, calm
    rühren   stir

der **Rum**, –s   rum
das **Rumänisch**   Rumanian
 rund   round, about
der **Rundfunk**   radio, broadcasting
 runter mit   down with
der **Ruß**   soot
das **Russisch**   Russian

⌒

 Sa = Samstag
das **Salzwasser**   salt water
die **Sammelkasse**   central cashier's desk
der **Samstag**   Saturday
der **Sand**, –e   sand
der **Sanskrit**   Sanskrit
 satt   satisfied; full (of food)
sich **satt essen**   eat one's fill
  (ißt sich satt), aß sich satt, sich satt gegessen
 sauber   clean
das **Säugetier**, –e   mammal
 schaden (*dat. object*)   harm, damage
das **Schaf**, –e   sheep
 schaffen   make, produce
der **Schafskäse**   sheep cheese
die **Schale**, –n   rind
die **Schallplatte**, –n   phonograph record
der **Schalter**, –   ticket office, booth, window, counter
die **Schäre**, –n   rocky island, reef
 scharf   sharp
das **Schauspiel**, –e   play
der **Schauspieler**, –   actor
die **Scheibe**, –n   disk, plate; pane
 scheinen   shine (sun); seem
  schien, geschienen
die **Schiffahrt**   shipping
der **Schimpanse**, –n, –n   chimpanzee
der **Schinken**   ham
der **Schirm**, –e   umbrella; parachute
der **Schlaf**   sleep
 schlafen   sleep
  (schläft), schlief, geschlafen
die **Schlange**, –n   snake
 schlecht   bad
das **Schließfach**, –er   lock
 schließlich   finally
 schlummern   slumber
die **Schlüsselbar**   key bar (at a department store)
 schmecken   taste
 schmelzen   melt
  (schmilzt), schmolz, ist/hat geschmolzen
der **Schmierkäse**   soft cheese
der **Schmuck**, –e   jewelry
der **Schmutz**   dirt, filth
die **Schmutzpartikel**, –n   dirt particle
 schnattern   cackle, gabble
die **Schnauze**, –n   muzzle, animal's nose
der **Schnee**   snow
der **Schneefall**, –e   snowfall

 schneiden   cut
  schnitt, geschnitten
 schneien   snow
 schnell   fast
das **Schnittmuster**, –   pattern (sewing)
der **Schnurrbart**, –e   mustache
das **Schock**, –   shock
 schocking   shocking
die **Schokolade**   chocolate
 schon   already
 schön   fine (weather)
 schonen   spare, take it easy on
der **Schornstein**, –e
 schreiben   write
  schrieb, geschrieben
 Schreibwaren (*pl.*)   stationer's supplies
der **Schuh**, –e   shoe
der **Schulanfang**, –e   beginning of school
 schuld an   responsible for
die **Schule**, –n   school
die **Schürze**, –n   skirt
die **Schüssel**, –n   dish, serving dish
der **Schwan**, –e   swan
der **Schwanensee**   Swan Lake
 schwarz   black
der **Schwebstoff**, –e   suspended material
der **Schwefel**   sulfur
das **Schwein**, –e   hog, pig
die **Schweiz**   Switzerland
der **Schweizer**, –   Swiss
 schwer   heavy, difficult
 schwimmen   swim
  schwamm, geschwommen
die **sechziger Jahre**   the sixties
der **See**, –n   lake
die **Seele**, –n   soul
die **Seereise**, –n   ocean voyage
das **Seewasser**   sea water
 sehen   see
  (sieht), sah, gesehen
die **Sehenswürdigkeiten** (*pl.*)   the sights
die **Seilbahn**, –en   cable car
das **Sein**   being, existence
die **Seite**, –n   page; side
der **Sektor**, –en   sector
die **Sekunde**, –n   second
 selbst   even
der **Selbstmord**, –e   suicide
die **Selbstmordgesellschaft**   suicidal society
das **Semester**, –   semester
das **Seminar**, –e   seminar
die **Seminararbeit**, –en   paper
der **Sender**, –   station (radio or TV)
die **Sendereihe**, –n   series (of programs)
der **Sendeschluß**   end of transmission
die **Sendung**, –en   program (TV or radio)
das **Serbisch**   Serbian
 servieren   serve (food)
der **Sessellift**, –e   chair lift
 setzen   set, put
sich **setzen**   sit down

sich himself, herself, itself, themselves, yourself

sicher safe, sure

siehe see (instructions and footnotes)

das **Silber** silver

die **Silberterrasse** Silver Terrace

der **Sinn, –e** sense, meaning

der **Sinnzusammenhang, ⁼e** context

der **Skandal, –e** scandal

das **Skandinavien** Scandinavia

das **Slowakisch** Slovak (language)

das **Slowenisch** Slovenian (language)

der **Snob, –s** snob

So = Sonntag

sollen should, ought to

sollten (*subjunctive form of* **sollen**)

der **Sommer, –** summer

der **Sonderteil** special section

die **Sonne, –n** sun

sonnig sunny

der **Sonntag** Sunday

das **Sonntagskonzert** Sunday Concert (name of a TV show)

die **Sorte, –n** kind, sort

sowie as well as

die **Sowjetunion** Soviet Union

sozial social

die **Sozialgeschichte** social history

die **Sozialwissenschaft, –en** social science

das **Spanisch** Spanish

der **Spaß, Späße** fun

später later

der **Spaziergang, ⁼e** walk, stroll

der **Spazierstock, ⁼e** walking stick

die **Speise, –n** food

der **Speisewagen, –** dining car

der **Spiegel, –** mirror

das **Spiel, –e** game

der **Spieler, –** player

das **Spielfeld, –er** playing field

der **Spielfilm, –e** movie

der **Spielplan, ⁼e** program, repertory

das **Spielprogramm, –e** play program

die **Spielregel, –n** rule of the game

die **Spielstunde, –n** play hour

Spielwaren (*pl.*) toys

Spirituosen (*pl.*) wines and liquors

die **Spitze, –n** peak, tip

der **Sport** sport

Sportartikel (*pl.*) sporting goods

die **Sportschau** sports program (TV)

die **Sprache, –n** language

das **Sprachlabor, –e** language laboratory

sprechen speak

  (**spricht**), **sprach, gesprochen**

springen jump

  sprang, ist gesprungen

der **Springer, –** jumper

die **Spur, –en** footprint, track, trail

das **Staatsexamen** post-graduate university degree

die **Staatsoper** State Opera

das **Staatstheater** State Theater

das **Stachelschwein, –e** hedgehog

die **Stadt, ⁼e** city

die **Stadtrundfahrt, –en** tour of the city

Stahlwaren (*pl.*) hardware

stammen aus come from

stampfen stamp

das **Stangenbrot** French bread (baguette)

der **Star, –s** star (entertainment)

der **Start, –s** *or* **–e** start, take-off

das **Startgerüst, –e** starting stand

die **Statistik, –en** statistic, statistics

der **Staub** dust

steigen climb

  stieg, ist gestiegen

steigend rising

der **Stein, –e** stone

stellen put, place

  scharf·stellen focus

sterben die

  (**stirbt**), **starb, ist gestorben**

die **Steuer, –n** tax

steuern guide, control

der **Stier, –e** bull

der **Stock** floor (i.e. first floor)

der **Stoff, –e** material, fabric

stolz proud

stoppen stop

stoßen kick, shove

  (**stößst**), **stieß, gestoßen**

die **Strafe, –n** fine, penalty

der **Strahl, –en** ray

die **Straße, –n** street

die **Straßenbekleidung** street clothing

die **Straßenseite** side of the street

streng severe

Strickwaren (*pl.*) knitwear

der **Strom** current (electrical and water)

die **Stromerzeugung** production of electric power

die **Stromversorgung** supplying of electric power, electric company

die **Stromverteilung** distribution of electric power

der **Strumpf, ⁼e** stocking

das **Stück, –e** piece, play

der **Student, –en, –en** student

studieren study

das **Studium, Studien** study, course of study

stumm mute

die **Stunde, –n** hour

der **Sturzhelm, –e** crash helmet

die **Stute, –n** mare

das **Südamerika** South America

Süßwaren (*pl.*) sweets

das **Süßwasser** fresh water

das **System, –e** system

t

der **Tabak, –e** tobacco

Tabakwaren (*pl.*) tobacco products

der **Tag,** –e day
die **Tagespresse** daily press
die **Tagesschau** news program (TV)
   täglich daily
die **Taktik,** –en tactic(s)
die **Tänzerin,** –nen dancer
das **Taschentuch,** ⁓er handkerchief
die **Tasse,** –n cup
der **Taucher,** – diver
   tausend thousand
die **Technik** technology
der **Techniker,** – technician
   technisch technical, technological
der **Tee,** –s tea
der **Teelöffel,** – teaspoon
der **Teeraum,** ⁓e tearoom
der **Teil,** –e part
     zum Teil partly, in part
   teils partly
das **Telefon,** –e telephone
das **Telefonbuch,** ⁓er telephone book
das **Telefongespräch,** –e telephone conversation
   telefonieren mit talk on the phone with
das **Telegramm,** –e telegram
der **Teller,** – plate
die **Temperatur,** –en temperature
das **Tempo,** –s (or **Tempi**) tempo
der **Teppich,** –e rug, carpet
der **Test,** –e test
der **Text,** –e text
das **Theater,** – theater
der **Tick,** –s or –e idiosyncrasy, weakness for some-
     thing
die **Tiefe,** –n depth
die **Tiefkühlkost** deep frozen food
das **Tier,** –e animal
der **Tiger,** – tiger
der **Tip,** –s tip
der **Tisch,** –e table
die **Tischwäsche** table linen
der **Titel,** – title
der **Toast** toast
das **Toastbrot** toasting bread (in Germany, thinly
     sliced white bread)
der **Tod** death
die **Tonne,** –n ton
der **Topf,** ⁓e pot
die **Touristik** tourism
die **Tradition,** –en tradition
   tragen wear
     (**trägt**), **trug, getragen**
der **Tran** whale-oil
    im Tran in the sauce, drunk; befuddled
die **Traube,** –n grape
der **Traubensaft** grape juice
   trauen (*dat. object*) trust
der **Traum,** ⁓e dream
die **Trikotage** hosiery
   trimmen trim
der **Trip** trip (in the sense of ego trip or bad trip)
der **Triumph,** –e triumph

   trocken dry
   tropfen drop, drip
   trotzdem nevertheless
das **Tschechisch** Czech
   tunken dip, dunk
das **Türkisch** Turkish

U

   überall everywhere
der **Überfall,** ⁓e robbery
   überhaupt at all, in any way
die **Übersee** overseas
   übertragen transmit (broadcasting)
     (**überträgt**), **übertrug, übertragen**
   überwiegen predominate
die **Übung,** –en exercise
die **Uhr,** –en clock, watch
   umfangreich bulky, voluminous
   umfassend comprehensive
der **Umhang,** ⁓e wrap
   um·hauen knock down, give a kick (*slang*)
   umher·gehen walk around
     ging umher, ist umhergegangen
die **Umkehr** turning back
die **Umleitung,** –en detour
   um·rühren stir
sich **um·schauen** look around
die **Umwelt** environment
   umweltbewußt environment-conscious
   unberührt untouched
der **Unfall,** ⁓e accident
die **Unfallhilfe** first aid
das **Ungarisch** Hungarian
   ungeeignet inappropriate
   ungewöhnlich unusual
   unglaublich unbelievable
das **Unheil** mischief, damage
   Unheil anrichten do mischief, cause damage
die **Uniform,** –en uniform
die **Universität,** –en university
der **Unrat** trash
   unrecht wrong
die **Unruhe,** –n unrest
   unser our
der **Unsinn** nonsense
   unten below, at the bottom
die **Unterhaltung,** –en entertainment
die **Unterkunft,** ⁓e lodging
das **Unternehmen,** – undertaking, enterprise
die **Untersuchung,** –en investigation
   unverwechselbar unmistakable
das **Urdu** Urdu
der **Urlaub** leave, vacation

V

die **Variation,** –en variation
die **Vegetation,** –en vegetation

das **Venedig** Venice
der **Verband, ⁓e** association
verbieten forbid
  verbot, verboten
verboten prohibited, forbidden
die **Verdammnis** damnation
das **Verderben** ruin, ruination
verdunkelt darkened
vereinigt united
die **Verfilmung, –en** filming, film version
vergessen forget
  (vergißt), vergaß, vergessen
der **Vergleich, –e** comparison
verherrlichen glorify
das **Verkehrsamt, ⁓er** tourist office
der **Verkehrsunfall, ⁓e** traffic accident
verliebt in love
die **Verlockung, –en** temptation, blandishment
vermitteln convey
vermittelt arranged for, transmitted
verrückt crazy
verschmutzt polluted
die **Versorgung, –en** supply
verspielt playful
verstärkt strengthened, reinforced
versuchen try
die **Versuchung, –en** temptation
die **Verteilung, –en** distribution
der **Vertreter, –** representative
verurteilt sentenced, condemned
verwenden employ, make use of
viel much
vielfach often, in many ways
vielleicht perhaps
das **Visier, –e** visor
das **Vlies, –es, –e** fleece
das **Volk, ⁓er** a people
der **Volkssport, –e** popular sport
volkstümlich popular
vollführen perform, execute
völlig zu unrecht quite wrongly
der **Volltreffer, –** bull's-eye, direct hit
das **Volumen** volume
von of, by, from
vor in front of
vor einer Woche a week ago
voraus beforehand
  im voraus in advance
der **Vordergrund** foreground
die **Vorfahrt** right of way
vorher before, previously
die **Vorlage, –n** pattern, basis
vor·lesen read (aloud)
  (liest vor), las vor, vorgelesen
die **Vorlesung, –en** lecture
vor·rücken move forward
der **Vorschlag, ⁓e** suggestion
das **Vorschulalter** pre-school age
vorsichtig careful
vor·stellen introduce

vorüber·gehen pass
  im Vorübergehen in passing
das **Vorurteil, –e** prejudice
die **Vorverkaufskasse** advance sale window
die **Vorwählnummer, –n** area code
vorwärts forwards
vorzüglich excellent

W

das **Wachstuch** oilcloth
wählen choose; dial (telephone)
wahllos willy-nilly, indiscriminately
der **Wählton** dial tone
während during
die **Währung, –en** currency
der **Wal, –e** whale
der **Wald, ⁓er** woods, forest
der **Walfisch, –e** whale
die **Wand, ⁓e** wall
wäre would be (*subjunctive form of* **ist**)
warm warm
das **Wärmekraftwerk, –e** (fossil fuel) generating
    plant
warnen warn
warten auf wait for
was what, something (*colloquial form of*
    etwas)
waschen wash
  (wäscht), wusch, gewaschen
das **Wasser** water
wasserdicht waterproof, watertight
wechseln change
wecken wake
der **Weg, –e** road, way, path
weg·schmeißen throw away
  schmiß weg, weggeschmissen
  zum Wegschmeißen to be thrown away
der **Wegweiser, –** directory, directional sign
Wegwerf– (*prefix*) throwaway
weg·werfen throw away
  (wirft weg), warf weg, weggeworfen
  zum Wegwerfen to be thrown away
das **Weib, –er** wife, woman (archaic)
der **Weichkäse, –** soft cheese
Weihnachten (*pl.*) Christmas
weil because
der **Wein, –e** wine
der **Weinlieferant, –en, –en** wine merchant
weiß white
das **Weißbrot, –e** white bread
der **Weißwein, –e** white wine
die **Weite, –n** expanse
weiten widen, expand
weiter further, more
die **Welle, –n** wave
die **Weltanschauung, –en** way of looking at things,
    philosophy
weltberühmt world famous
das **Weltbild, –er** picture of the world, philosophy

der **Weltkrieg,** –e world war
das **Weltmeisterschaftsspiel,** –e world champion-
    ship game
die **Weltstadt,** ¨e metropolis
sich **wenden an** address oneself to
    weniger less
    wer who
die **Werbung** advertising
    werden become (**werden** *is also the auxiliary*
        used with the passive voice)
    (wird), wurde, ist geworden
das **Werk,** –e work (music, art, literature)
    wert worth
    wesentlich significant
    West west (direction)
der **Westen** west (region)
    westlich western
das **Wetter** weather
    wichtig important
    wie (*adv.*) how; (*conj.*) like
    wieder again
    Wiederhören: auf Wiederhören good-by (tele-
        phone)
    Wiedersehen: auf Wiedersehen good-by
    wiegen weigh
        wog, gewogen
    wiehern whinny
    wild wild
das **Wild** game (venison, etc.)
die **Wildnis,** –se wilderness
    willkommen (*adj.*) welcome
der **Winter** winter
die **Wirtschaft** economy
    Wirtschaftsartikel (*pl.*) household articles
die **Wirtschaftstheorie** economic theory
    wissen know
        (weiß), wußte, gewußt
die **Wissenschaft,** –en science
    witzig witty
die **Woche,** –n week
der **Wochenspiegel** Mirror of the Week (TV show)
    wohin where (to)
    wohnen live
das **Wohnproblem** housing problem
der **Wolf,** ¨e wolf
die **Wolkenschicht,** –en cloud layer
    wolkig cloudy
    wollen want (to)
        (will), wollte, gewollt
das **Wort,** ¨er word
die **Wucht** (*slang*) a kick, a gas, something else
sich **wundern** wonder, be surprised
der **Wunsch,** ¨e wish
        auf Wunsch upon request
    wünschen wish
    würden would (*subjunctive form of* **werden**)
der **Würfel,** – cube

der **Würfelzucker** cube sugar
    würzen spice

y

der **Yak,** –s yak

z

die **Zahl,** –en figure
    zählen count, pay
die **Zauberfondue,** –s magic fondue
    zehn ten
die **Zeichnung,** –en sketch
    zeigen show
die **Zeit,** –en time
    zeitgenössisch contemporary
die **Zeitschrift,** –en periodical, magazine
die **Zeitung,** –en newspaper
das **Zelt,** –e tent
die **Zeltfahrt,** –en tenting trip
die **Zentrale,** –n main office, head office
das **Zeitalter** age, era
    Zi = Zimmer
die **Ziege,** –n goat
    ziehen pull
        zog, gezogen
das **Ziel,** –e goal, aim; sense
das **Zimmer,** –s, – room
der **Zimmernachweis** room directory
der **Zimt** cinnamon
die **Zitrone,** –n lemon
die **Zivilisation,** –en civilization
    zu to; too; closed
der **Zucker** sugar
    zuerst at first
die **Zufahrt,** –en access
der **Zug,** ¨e train
die **Zugspitze** *the highest mountain in Germany*
    zu·hören listen
die **Zukunft** future
    zumindest at least
    zurück back
der **Zusammenhang,** ¨e connection, context
    zusätzlich additional
der **Zuschauer,** – spectator
    zu·senden send
        sandte zu, zugesandt
    Zutaten (*pl.*) ingredients
    zuvor before
    zwanzig twenty
    zwei two
    zweimal twice
    zweit– second
        zu zweit à deux
    zwischen between

A 2
B 3
C 4
D 5
E 6
F 7
G 8
H 9
I 0
J 1